世界博物馆

博物馆寻宝记

胡卫军◎主编

何应梅 张茹静◎文

钟汶霖◎图

CNS 湖南少年儿童出版社 HUNAN JUVENILE & CHILDREN'S PUBLISHING HOUSE ·长沙

图书在版编目（CIP）数据

博物馆寻宝记. 世界博物馆 / 胡卫军主编 ; 何应梅, 张茹静文 ; 钟汶霖图. -- 长沙 : 湖南少年儿童出版社, 2025. 8. -- ISBN 978-7-5562-8277-7

Ⅰ. K86-49

中国国家版本馆CIP数据核字第2025UB8305号

博物馆寻宝记——世界博物馆

BOWUGUAN XUNBAO JI——SHIJIE BOWUGUAN

总　策　划： 胡隽宓　　**策划编辑：** 罗晓银
责任编辑： 罗晓银　李雨萍　　**封面设计：** 嘉泽文化
版式设计： 王管坤　　**内文排版：** 嘉偉文化 JARL.V CULTURE
营销编辑： 罗钢军　　**质量总监：** 阳　梅

出　版　人： 刘星保
出版发行： 湖南少年儿童出版社
地　　址： 湖南省长沙市晚报大道89号　　**邮　　编：** 410016
电　　话： 0731-82196320（办公室）
常年法律顾问： 湖南崇民律师事务所　柳成柱律师

印　　刷： 长沙新湘诚印刷有限公司
印　　张： 9.25　　**开　　本：** 787 mm × 1092 mm　1/16
字　　数： 150 千字
版　　次： 2025年8月第1版　　**印　　次：** 2025年8月第1次印刷
书　　号： ISBN 978-7-5562-8277-7
定　　价： 45.00 元

目录

Contents

No.1 欧洲（EUROPE）

卢浮宫博物馆
（Louvre Museum） 002

梵蒂冈博物馆
（The Vatican Museum） 006

大英博物馆
（The British Museum） 010

艾尔米塔什博物馆
（The State Hermitage Museum） 014

荷兰国立博物馆
（Rijks Museum） 018

雅典国家考古博物馆
（National Archaeological Museum） 022

匈牙利国家博物馆
（Hungarian National Museum） 026

瑞典历史博物馆
（Swedish History Museum） 030

维也纳艺术史博物馆
（kunsthistorisches Museum Wien） 034

俄罗斯国家历史博物馆
（State Historical Museum） 038

罗马国家博物馆
（National Roman Museum） 042

列支敦士登国家博物馆
（Liechtenstein National Museum） 046

瑞士国家博物馆
(Swiss National Museum) 050
柏林佩加蒙博物馆
(Pergamon Museum, Berlin) 054
苏格兰国家博物馆
(National Museum of Scotland) 058

No.2 亚洲（ASIA）

东京国立博物馆
(Tokyo National Museum) 064
新加坡国家博物馆
(National Museum of Singapore) 068
越南国家历史博物馆
(Vietnam National Museum of History) 072
安塔利亚博物馆
(The Antalya Museum) 076
韩国国立中央博物馆
(National Museum of Korea) 080
新德里国家博物馆
(National Museum, New Delhi) 084
以色列国家博物馆
(The Israel Museum) 088
沙特阿拉伯国家博物馆
(The national Museum of Saudi Arabia) 092
哈萨克斯坦共和国国家博物馆
(National Museum of the Republic of Kazakhstan) 096

No.3 美洲（AMERICAS）

波士顿美术博物馆

（Museum of Fine Arts, Boston） 102

大都会艺术博物馆

（Metropolitan Museum of Art） 106

皇家安大略博物馆

（Royal Ontario Museum） 110

国立人类学博物馆

（The National Museum of Anthropology） 114

No.4 大洋洲（OCEANIA）

新西兰蒂帕帕国立博物馆

（Museum of New Zealand Te Papa Tongarewa） 120

澳大利亚国家博物馆

（National Museum of Australia） 124

No.5 非洲（AFRICA）

南非自然历史博物馆

（The Iziko South African Museum） 130

埃及国家博物馆

（The Egyptian Museum） 134

内罗毕国家博物馆

（Nairobi National Museum） 138

No.1

EUROPE

欧洲

卢浮宫博物馆

Louvre Museum

假如你有幸年轻时在巴黎生活过，那么你此后一生中不论去到哪里，巴黎都与你同在，因为巴黎是一席流动的盛宴。

—— 海明威

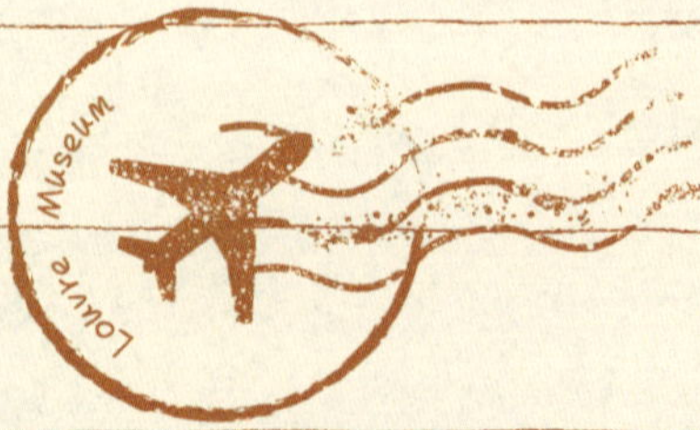

坐标　法国巴黎

始创　1204 年

特色　卢浮宫本是法国的王宫，居世界四大博物馆之首，玻璃金字塔在广场上熠熠生辉。

镇馆之宝

米洛斯的维纳斯

Venus de Milo

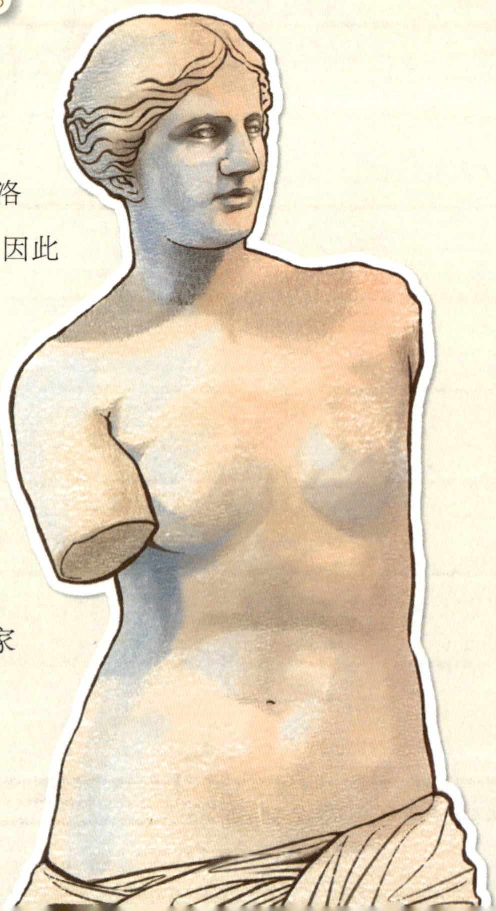

卢浮宫中有三大镇馆之宝闻名世界。三宝之一的《米洛斯的维纳斯》因发现于希腊的米洛斯岛而得名。它被发掘出来的时候双臂丢失，因此也被称为“断臂维纳斯”。

这件出自公元前 2 世纪的维纳斯雕像高达 204 厘米，是希腊神话中爱与美的化身，采用大理石雕刻而成，有着流畅的线条、平静柔和的神情、优雅丰腴的身姿。维纳斯雕像还隐藏了一个小秘密，那就是雕像的身材比例完美符合“黄金比例”。这是古希腊雕像家所追求的完美身材。

雕像刚出土的时候，人们并不确定她的身份。后来，人们在雕像出土地点附近发现了一个雕像残块——一只手，手中拿有一个苹果，这是美神维纳斯的形象元素之一，因此认定她就是美神维纳斯。

萨莫色雷斯的胜利女神

The Winged Victory of Samothrace

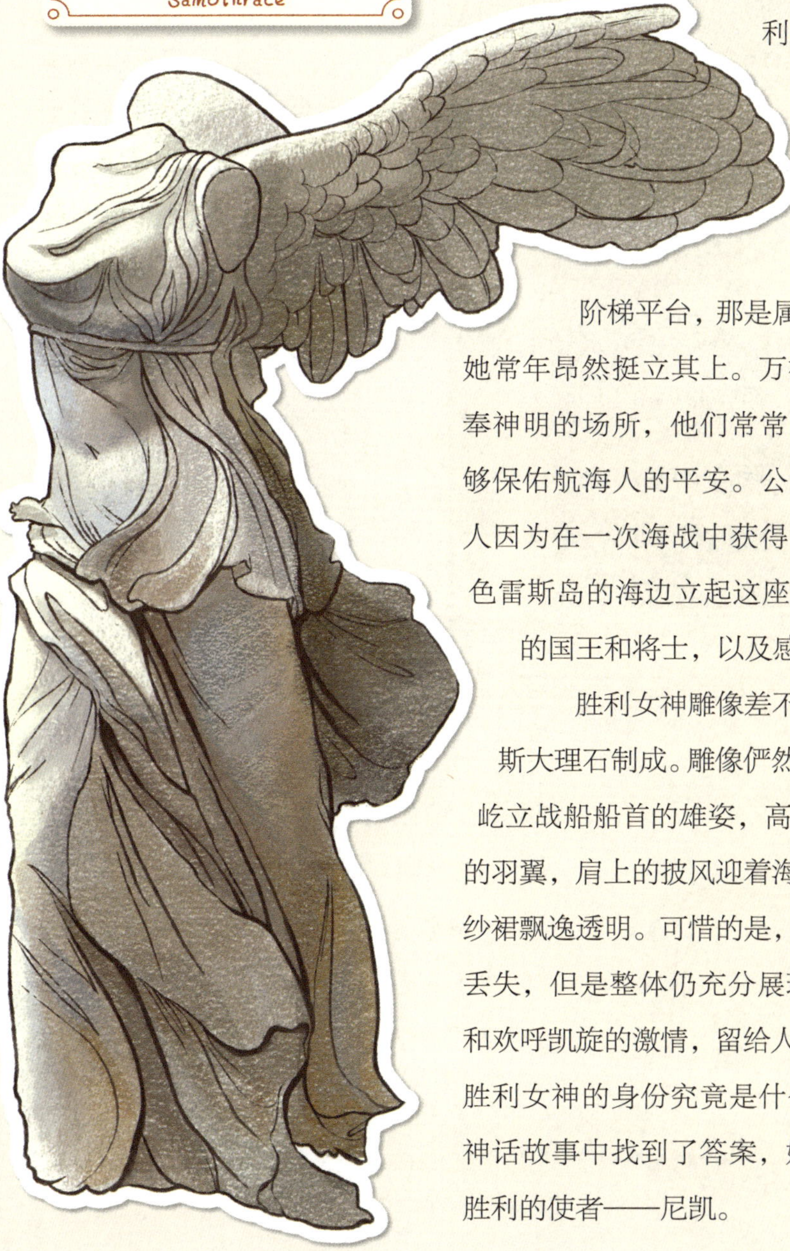

《萨莫色雷斯的胜利女神》雕像出土于希腊萨莫色雷斯岛的万神庙遗址，为博物馆的三宝之二。博物馆内有一片空旷的阶梯平台，那是属于胜利女神的专场，她常年昂然挺立其上。万神庙是当地人用来供奉神明的场所，他们常常向神明祈求，希望能够保佑航海人的平安。公元前2世纪初，当地人因为在一次海战中获得了胜利，于是在萨莫色雷斯岛的海边立起这座雕像，用来迎接凯旋的国王和将士，以及感谢诸神的护佑。

胜利女神雕像差不多有3米高，用帕罗斯大理石制成。雕像俨然一副迎风展翅欲飞、屹立战船船首的雄姿，高高飞扬着雄健而硕大的羽翼，肩上的披风迎着海风舞动，身上的抹胸纱裙飘逸透明。可惜的是，女神的头和手臂都已丢失，但是整体仍充分展现出了胜利者的英姿和欢呼凯旋的激情，留给人们无限的想象空间。胜利女神的身份究竟是什么？人们在古希腊的神话故事中找到了答案，她就是在战争中宣布胜利的使者——尼凯。

《蒙娜丽莎》

Mona Lisa

课本中的达·芬奇留着长长的白胡子，俨然一副老爷爷的模样，但他年轻的时候可是一位才华横溢的美男子。

《蒙娜丽莎》是世界上非常有名的油画之一，是博物馆三宝中的最后一宝。它凭借着卓越的画质、梦幻的背景、云飘雾绕的晕染效果，深深吸引着世界的目光。尤其是蒙娜丽莎的一抹微笑，具有无限深奥的意境，可谓“神来之笔”。时至今日，人们仍然猜测着这微笑的含义。

《蒙娜丽莎》还具有极大的历史意义，它创作于文艺复兴时期，那个时候的人们反对宗教神学的束缚，开始追求现实的世俗生活。《蒙娜丽莎》突破了宗教人物画作刻板冷漠的局限性，展示了文艺复兴时期人们乐观自信的人文主义精神风貌。

小贴士

遇到极端天气，部分展厅会暂停对外开放，需提前在官网了解具体情况。

旅游推荐

参观完卢浮宫博物馆，一定要留步杜伊勒里花园，它曾是皇室花园，园内有姹紫嫣红的花丛和茂密的绿植。接着来到埃菲尔铁塔，与它拍一张纪念照。作为巴黎最高的建筑物，它经历了百年风雨，巍然屹立在塞纳河畔。

然后移步戴高乐广场，一览凯旋门的雄姿。如果我们仅仅将凯旋门作为一道简单的拱门，那就大错特错了。它具有很重要的地理、历史甚至是政治意义。首先，它是巴黎城市的地标。巴黎市的12条大街都以它为中心，向四周延伸，气势非常磅礴。其次，它是拿破仑将军的战争纪念物，高达50米的拱门上刻了有关拿破仑的战争与英雄人物。再次，它的建立过程经历了王朝的更迭，见证了拿破仑帝国的灭亡与旧王朝的复辟。

梵蒂冈博物馆

The Vatican Museum

你知道世界上国土面积最小的国家是哪个吗？

它就是梵蒂冈。位于意大利的罗马市中心的梵蒂冈国里面坐立着世界闻名的国家级博物馆——梵蒂冈博物馆①。

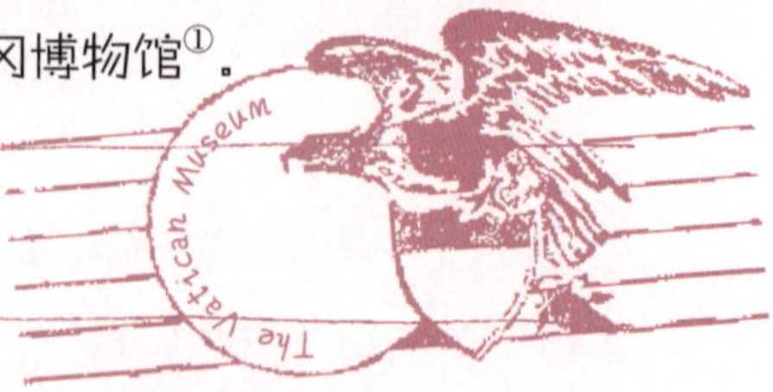

坐标　意大利罗马

始创　公元 5 世纪末就有了雏形，16 世纪开始扩建

特色　博物馆本来是罗马教皇的宫廷，后来被改造成为梵蒂冈博物馆。

镇馆之宝

拉奥孔和他的儿子们

Laocoon and his sons

博物馆汇集了古希腊、罗马、文艺复兴时期的艺术精华，大都是无价之宝。其中，《拉奥孔和他的儿子们》以其独特的价值，可以说稳居博物馆镇馆之宝的头把交椅。

1506 年，热衷古典艺术的教皇尤里乌斯二世听闻它出土的消息后，立刻派米开朗琪罗前去将它收回，一直放置在梵蒂冈的花园里。

一般认为它的雕刻时间在公元前 40 年至公元前 30 年。雕像主题取材于一段希腊神话。特洛伊城的祭司拉奥孔与他的两个儿子识破了希腊人的“木马计”，想阻止人们将木马拖进城，而希腊保护神担心他们的行为会暴露木马中的潜伏军，便派巨蟒将三者缠绕而死。

①梵蒂冈博物馆是个总称，其实包含 20 多个博物馆（如《拉奥孔和他的儿子们》就是收藏于其中的美术馆），总建筑面积达 55000 平方米。

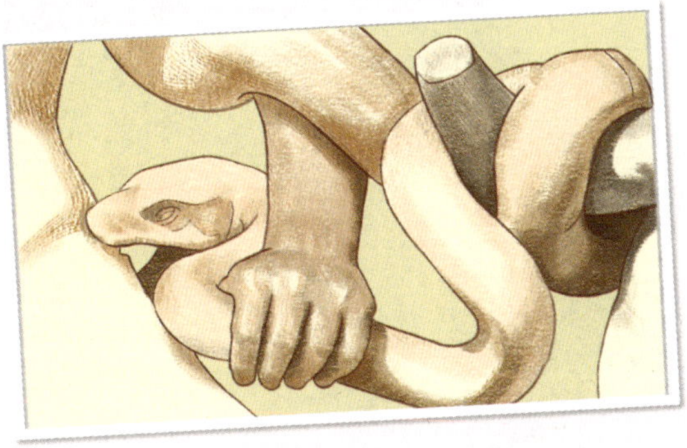

雕像栩栩如生，人物与巨蟒进行着生死搏斗的场景、挣扎的体形、紧张的肌肉、痉挛的表情，让人们觉得就连石头本身也很痛苦。

《雅典学院》

School of Athens

拉斐尔是一位年轻俊美、才华横溢的画家，很早就成为了一个超级巨星和万人迷。

16 世纪初期，26 岁的拉斐尔创作了《雅典学院》，可以说凭此到达其艺术成就的新高峰。

画作面积达 770 厘米 ×500 厘米，采取了十分开阔的拱门作为背景，巧妙地将几十个人物都聚集在雅典学院的拱门之下、大厅之上。

画面中心占据“C 位”的是哲学家柏拉图与亚里士多德。左边的柏拉图身披橙色外袍，左手臂夹着他的《蒂迈欧篇》，右手指向天空。右边的亚里士多德身披蓝色外袍，左手拿着《尼各马可伦理学》，右手手掌向下。他们正酣畅淋漓地在讨论着世界的奥秘。两人的周围聚集了大量的古典智者，他们是不同学术领域的“顶级专家”，人物的姿态生动、形象丰富。

《创世纪》与《最后的审判》

Genesis and The Last Judgment

作为“文艺复兴艺术三杰”之一的米开朗琪罗，创造了许多惊为天人的作品。博物馆中，有他的两幅水彩壁画，分别是《创世纪》与《最后的审判》。

《创世纪》位于西斯廷礼拜堂的大厅天顶，是一幅规模宏大的巨型天顶画，按照建筑的框边，分成了连续的 9 个故事，画中人物超过 300 位，其中《创造亚当》是整幅天顶画中最动人心弦的一幕，这一幕刻画了从天飞来的上帝，将手指伸向亚当，像传递火花一样，将灵魂赋予亚当的场景。

与《创世纪》齐名的就是被誉为“艺术之巅”的《最后的审判》。画中生动地展现了人世间的生死存灭、天堂和地狱等画面。

这两幅壁画相连，强烈地表达了救赎与审判观念，气势之磅礴让人为之震撼。

米开朗琪罗耗费了多年的时间才完成它们，他常年以抬头仰望的姿态作画，眼睛时常超负荷工作，这样的艰苦作业拖垮了他的身体，严重影响了他的生活。正所谓没有付出就没有收获，他以生命为代价完成的这两幅精美的画作，最终成为了流芳百世的不朽传奇。

旅游推荐

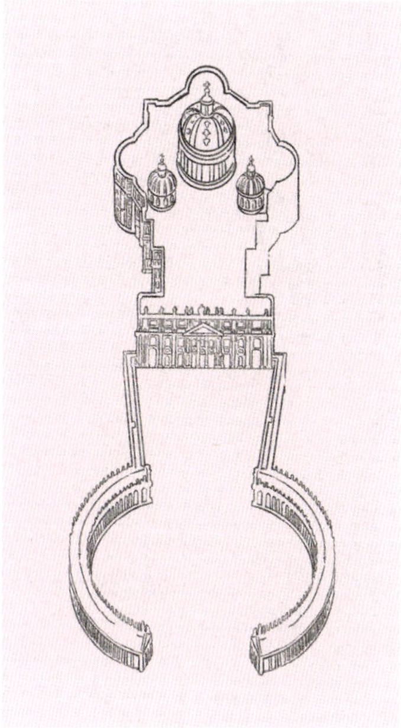

在梵蒂冈，圣彼得大教堂是最神圣的地方，从教堂的楼顶可以俯瞰圣彼得大广场中央的梵蒂冈方尖碑，方尖碑非常显眼，是梵蒂冈的地标。

圣彼得大广场好似一枚钥匙，由两条半圆形的柱廊形成一个“包围圈”，随后延伸向大教堂，如同张开双臂拥抱世界的老人。广场的柱廊上立有 140 多座宏伟神圣的雕塑，凝聚了梵蒂冈的文化精华。

大英博物馆

The British Museum

在16世纪至18世纪的殖民扩张时期，世界上许多国家的历史文物都流落到了英国，被收藏在英国的各个博物馆中，其中属大英博物馆最为著名。

坐标　英国伦敦

始创　1753年

特色　世界四大博物馆之一。拥有藏品多达800万件！建筑外观具有典型的古希腊神庙风格。

1753 Year

The British Museum

镇馆之宝

刘易斯棋子

Lewis Chessmen

刘易斯棋子发现于苏格兰西北部的刘易斯岛，因此被命名为“刘易斯棋子”，制作时间约在公元12世纪。

它们是用海象牙和鲸鱼牙精心雕刻而成的，光滑结实。人形棋子的表情很丰富，有些呆萌，又有点“囧”味。刚出土的时候有一些棋子上面带有红色染料，因为当时人们下棋的时候，习惯用红白两棋区分两个阵营。

大英博物馆收藏了78个人形棋子，占据出土人形棋子的大部分。这些棋子向我们揭示了中世纪欧洲的阶级权力结构。在当时，现实生活中的阶级结构按照从高到低的顺序排列为：教皇、国王、王后、骑士、士兵等。

下棋的规则生动地反映出了当时权力阶层的影响。比如王后一次只能斜着走一格，权力并不大，或许正因如此，王后才托着腮，一副郁郁寡欢的模样。

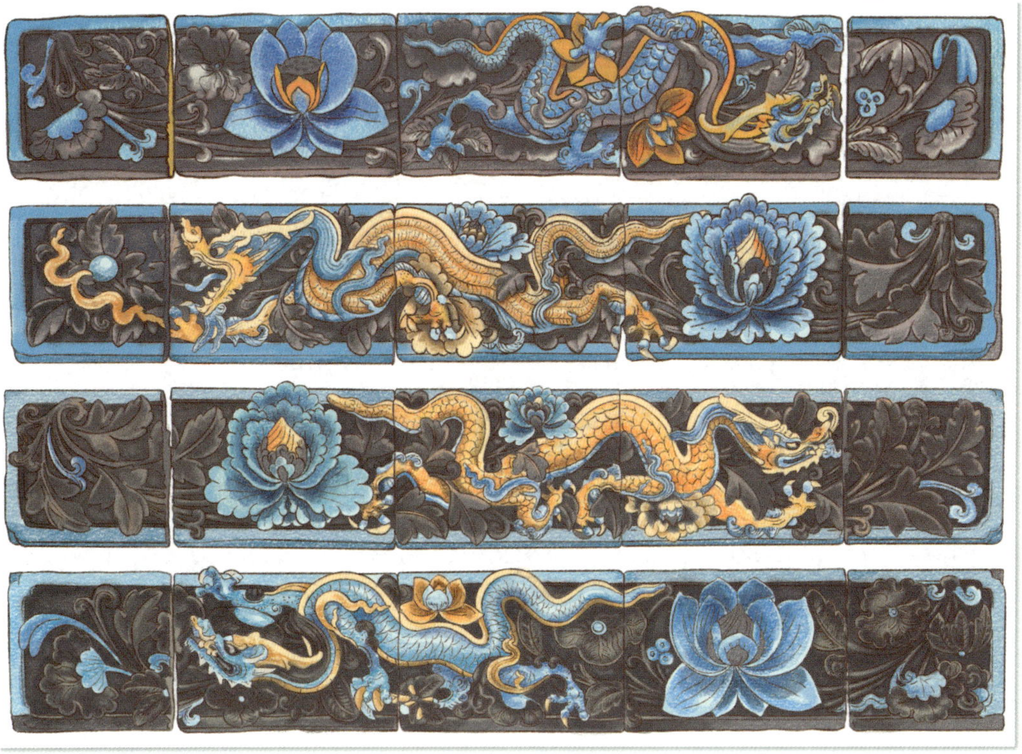

龙纹釉琉璃壁

Glazed dragon tiles

在博物馆的中国展馆入口处，写着这样的一句话："中国人创造了世界上最博大和悠久的文明……"

如果你去过北京故宫博物院，就会发现故宫博物院的皇家九龙壁和大英博物馆收藏的龙纹釉琉璃壁有异曲同工之妙。但是它比故宫博物院九龙壁的年代更早，属于明代的民间寺院。

琉璃壁被分成了四排，每排宽 2.44 米，高 39 厘米。每一排壁画的主体都是一条龙，这四条龙在莲花和牡丹花中穿行狂舞，身形矫健、气贯长虹、威武不凡，有气吞山河之志。在古代中国，龙不仅象征着皇权与祥瑞，还具有"避火"的寓意，因为龙能够呼风唤雨，而古代中国的建筑大都采用木材，因此很注重防火。

四条龙身上的颜色和朝向位置不同，这是为了在风水上保持阴阳平衡。

这件龙纹釉琉璃壁代表了明代极高的艺术水准和成熟的琉璃工艺。清代末年的混乱期间，它被人盗走并流失海外。2006 年，大英博物馆将其收藏，成为馆中璀璨的中国艺术品之一。

《死者之书》

Book of the Dead

这幅《死者之书》是大英博物馆中的无价之宝。

古埃及的人们相信死后会有来生，他们死后会随身携带一卷《死者之书》作为陪葬品，放置在墓室中。这幅《死者之书》属于古埃及新王国第十九王朝时期，描绘了人死后被冥王审判、指导走向来生的过程，书卷整体色调呈泥黄色，很有沙漠气息。

画面最右边坐着的是冥王奥西里斯，负责审判人类死后可否得到永生，他的后面站着两位女性。冥王面前的荷花上有 4 个小人，他们是冥王的孙子，负责保护死者的内脏。画面左边，狼首人身的阿努比斯在众神的审视下，跪着用天平称量死者的心脏，天平的一边是心脏，另一边是正义女神的羽毛，心脏如果轻于羽毛，审判者就宣布心脏的主人是善良之人。相反则为恶人，天平旁边蹲着的一头鳄头狮身的怪兽就会把心脏吃掉，恶人永不超生。画面中间是冥王之子鹰神荷鲁斯与鹭首人身的智慧之神图特，他们负责监视与记录。

《死者之书》表现了古埃及人对于来生的向往与想象，以及对神灵的敬畏之心。

《女史箴图》

Admonitions of the Instructress to Court Ladies

《女史箴图》是中国东晋时期的画家顾恺之创作的。最原始的画作已丢失，现存于世的只有两幅摹本。其中一幅收藏在北京故宫博物院，另一幅在八国联军侵华时期流失海外，后来被大英博物馆收藏，成为了大英博物馆中具有代表性的东方艺术珍品。

《女史箴图》主要描绘了古代中国宫廷女性的事迹，如汉代冯媛以身挡熊保护汉元帝的故事。细看整幅画卷，我们得以窥见古代女性的生活态度与精神面貌，画中的女性坐、行、谈、思，姿态各异。我们也不得不惊叹于其丰富的艺术特色，人物形象分明，身体的线条紧劲连绵，如春蚕吐丝；而衣裙宽大飘逸，极具动态之美。

旅游推荐

在雾都伦敦，“千禧之轮”——伦敦眼不容错过，游客可以登上摩天轮尽情欣赏伦敦的美丽景色。泰晤士河畔是欣赏伦敦标志性建筑的绝佳之地，大本钟、塔桥与伦敦塔等景观尽收眼底。

白金汉宫的英国禁卫军交接仪式值得一看，适合亲子游玩的景点非海德公园莫属。

艾尔米塔什博物馆

The State Hermitage Museum

彼得大帝可以说是俄罗斯帝国的缔造者，而后来的统治者叶卡捷琳娜大帝则继续谱写着帝国的辉煌。可以说，艾尔米塔什博物馆因她而闻名世界。

The State Hermitage Museum

坐标 俄罗斯圣彼得堡

始创 初建于 1764 年，1852 年起对外开放

特色 世界四大博物馆之一，被誉为“世界文化与艺术百科全书式的世界级博物馆”。最早是叶卡捷琳娜大帝的私人藏馆。

镇馆之宝

《柏诺瓦的圣母》

The Benois Madonna

世界上拥有达·芬奇画作的博物馆少之又少，艾尔米塔什博物馆却拥有他的两幅画作，分别是《柏诺瓦的圣母》与《圣母丽达》，自被收藏以来，它们一直稳居镇馆之宝的宝座。

15世纪后期，达·芬奇在米兰创作了《柏诺瓦的圣母》。

达·芬奇作画前，花费了大量的时间来观察人的动态、表情，以求完美表现出人物的心理和情感。画作中的圣母坐在椅子上，头后环着镀金的光圈，手中拈着花朵逗着怀中的圣婴玩，如神灵在俗世间嬉闹。

《圣母丽达》

The Litta Madonna

时隔多年，达·芬奇又创作了《圣母丽达》。整体的画面恬静安详，教堂的窗外是舒适的蓝天白云等景色。圣母在窗前正哺育着怀里的圣婴，她的神色温柔、目光怜爱，和人间的母亲无异。圣婴躺在圣母的怀中吸吮着乳汁，线条生动，体态丰满。

文艺复兴之前，许多艺术作品里的圣母都是一副严肃冷漠、生人勿近的形象。但在这两幅画中，圣母散发着人间母性的光辉。这表现了在文艺复兴时期，人们对美好现世生活的追求。

拉斐尔壁画长廊

The Raphael Loggias

拉斐尔是“文艺复兴艺术三杰”之一。18 世纪，叶卡捷琳娜大帝参观了梵蒂冈宫的拉斐尔壁画之后，心生向往。

回国后，叶卡捷琳娜大帝派遣画师将壁画复制下来带回俄罗斯，又任命著名建筑师贾科莫·夸伦吉为总设计师，设计并建造了这条壁画长廊。整个过程历经 17 年才全部完工，最终的成果也让她非常满意。

长廊由 13 个拱廊组成，每个拱廊顶棚的四边上各有一幅拉斐尔的壁画，共 52 幅。由于 52 幅壁画都是以《圣经》为主题的绘画作品，因而被统称为“拉斐尔圣经”（即拉斐尔所绘的圣经画作）。

长廊的壁画历史意义重大，艺术价值极高，是博物馆的“立体宝藏”。

孔雀钟

The Peacock Clock

只需一眼，你就能知道孔雀钟在博物馆的地位。

它是由英国著名的钟表设计师詹姆斯·考克斯主持打造的，用以献给中国清代的乾隆皇帝。皇帝不喜，拒绝了这个礼物。后来孔雀钟辗转到了叶卡捷琳娜大帝手中，收藏在了艾尔米塔什博物馆。

孔雀钟巧夺天工，虽然距今已有200多年的历史，但依旧光彩夺目、运转良好，享有“钟表皇后”的美称。

钟的主体是一棵 3 米多高的橡树，枝繁叶茂，树中有松鼠、孔雀。树枝上挂着的球形笼子中有一只猫头鹰。树下生长着 12 朵圆蘑菇，其中最大的蘑菇顶端还停着一只振翅欲飞的蜻蜓，底座边缘镶满了大颗的宝石。树旁的小木桩上立着一只气宇轩昂的大公鸡。各种生物姿态优美、形态各异、活灵活现。

每到整点时，孔雀便缓缓张开

屏尾，屏尾金色的一面象征着太阳和白天，银色的一面象征着月亮和黑夜。孔雀开屏的同时旋转一圈，这时奇妙的一幕出现了：公鸡仰脖打鸣，猫头鹰转动着脑袋、滴溜溜地眨眼睛，蜻蜓一秒一秒地转动。整个运行过程代表着从黑夜到黎明周而复始，场面令人惊叹叫绝。

旅游推荐

彼得霍夫宫是彼得大帝的夏宫，被称为“俄罗斯的凡尔赛宫”，里面的喷泉表演很壮观，值得好好欣赏一番。

前往滴血救世主教堂，可以欣赏到精美的马赛克壁画。

涅瓦大街的街道上有各种商店、餐厅。走进一家最热闹的餐厅，吃上一顿羊排大餐或是海鲜大餐，饭后加一份牛肉比萨，与亲朋好友一边享受美食，一边沉醉在萨克斯优美的乐曲之中，不亦乐乎。

荷兰国立博物馆

Rijks Museum

17世纪的荷兰作为欧洲的商业中心，是当时世界上数一数二的强国，不仅经济繁荣，艺术和科学领域更是全面开花。

坐标	荷兰阿姆斯特丹
始创	初建于1798年，1885年正式开放
特色	荷兰最大的博物馆，珍藏的大量17世纪的世界级艺术品能让我们“穿越”回那个属于荷兰的黄金时代。

镇馆之宝

《夜巡》

The night watch

17世纪，荷兰的一位民兵队队长在上任时特地请了伦勃朗来为他作画，想要将这一荣耀时刻用画作的形式保存下来。由此，名画《夜巡》于1642年正式问世。

在这幅画中，伦勃朗充分展示了他作为“光影大师”的作画特色与高超画技。他打破了传统肖像画的绘画方式，不再用平铺直叙的画法描绘人物，而是灵活巧妙地利用光影突显画面中的主人公。

这种画法让静止的画作变成了一场生动的戏剧，好似画中的人物下一秒就要走出画布踏入现实世界。若仔细观察，我们还能发现画中暗藏着种种玄机，士兵们各不相同的表情、服装上各异的纹路、各式武器的模样等等，这些玄机都来自画家的精心构思，等着我们前去一探究竟。

《夜巡》之所以在历经沧桑岁月后还能保存得如此之好，还要得益于伦勃朗令人赞叹的创造力：他在作画时使用了一种含铅的油，这可以有效地防止画作发霉。这种延长画作寿命的方法，在那个时代还只有伦勃朗使用了呢！

《倒牛奶的女仆》

The Milkmaid

闻名于世的《戴珍珠耳环的少女》，出自著名画家——维米尔，《倒牛奶的女仆》是他的另一幅著名画作，是参观博物馆时不可错过的精品。

画中的女仆正站在桌前，慢慢地往碗里倒着牛奶。尽管这幅画描绘的是日常生活中再平常不过的场景，但维米尔对光影与色彩明暗恰到好处的把握，让人感觉画中时空仿佛被冻结了一般，唯有罐子里的牛奶在缓缓流动。而此时从窗外投射在女仆脸上的光，更是为这一刻增添了几分宁静、专注的氛围。

画中女仆的围裙下摆使用的是大名鼎鼎的“维米尔蓝”，这也是维米尔在使用色彩时的一大特色。

如果来到这幅画作前，不妨也像画中女仆一样静静地站立一会儿，想象自己就身处在这个厨房之中，以此感受凝集在这一刻的平静与温馨。

代尔夫特蓝陶器

Delftware

一提到陶瓷，我们立马能想到世界瓷都景德镇。而在荷兰，有一种陶瓷也十分有名，它就是代尔夫特蓝陶。

代尔夫特蓝陶是釉陶的一种，从 17 世纪开始，代尔夫特的工匠们结合了中国、日本陶瓷的特点，形成了具有荷兰风格的代尔夫特蓝陶。

代尔夫特蓝陶在色彩的运用上与青花瓷有异曲同工之妙，都有着鲜明的蓝色绘画图案、白色锡釉背景。不同的是，代尔夫特蓝陶对蓝色的诠释更加丰富多样，除了一般的深蓝色，灰蓝色调与紫蓝色调也常被使用。同时，代尔夫特蓝陶上还有着品目繁多、精美绝伦的装饰图案，主要有动物、花、人物、风景等。

不论是在形状上还是花纹图案上，代尔夫特蓝陶都极具创意，吸引了一大批人的观赏与购买，代尔夫特也因此成为了欧洲非常重要的陶瓷中心。

荷兰国立博物馆的画作还不足以大饱眼福？那收藏了梵高众多著名作品的梵高美术馆一定不会让你失望。

领略完博物馆荟萃后，还可以乘坐游船在阿姆斯特丹运河带上体验这座城市独特的水上风光，在博物馆不远处有着旖旎风光的冯德尔公园也是一个放松身心的好去处。

达姆广场作为阿姆斯特丹历史的发祥地，久负盛名，在这里人们举行各种主题的嘉年华，热闹非凡。

荷兰的美食同样令人赞叹，无论是金黄酥脆的荷兰煎饼，还是香浓可口的高达奶酪，都是不可错过的美味。

雅典国家考古博物馆

National Archaeological Museum

希腊雅典是一个极具历史韵味的地方，是西方文明的摇篮，不仅拥有丰富的历史遗产，还是现代与古典文化的融合之地。

坐标　希腊雅典

始创　1829 年

特色　位于雅典的心脏地带，它是希腊文明的宝库，也是希腊规模最大的博物馆，里面展示着从希腊史前时期到古代晚期的无价之宝。

镇馆之宝

安提凯希拉天体仪

Antikythera Mechanism

在科技日新月异的今天，我们很难想象没有电脑和手机的生活。然而在古代，即使没有电子科技的辅助，充满智慧的古人依然能够观察和预测天文现象。

在公元前 1 世纪的古希腊，存在着一台安提凯希拉天体仪，它被誉为世界上最古老的计算器。这台装置由一些铜齿轮和转轴组成，就像是一个小型的机器工厂。

天体仪通过齿轮和转轴的相互配合，模拟天体运动。这样天体仪便能预测天文现象，揭示太阳和月亮的位置，它甚至还能预测日食，并且为在海上远航的人们找到前行的方向。

安提凯希拉天体仪在当时是绝无仅有的发明，这充分展示了古希腊人在数学、天文学上的智慧与深厚的造诣。如今，我们仍然可以从安提凯希拉天体仪中汲取灵感，继续探索宇宙的奥秘。

阿尔特米西昂青铜雕像的发掘过程可以说是充满曲折，它源于一次发生于希腊的沉船事故。1926 年，人们在阿尔特米西昂角附近的水域意外发现了青铜雕像的一部分，后来在 1928 年将雕像主体等从海底打捞出土。

雕像的铸造时间约为公元前 5 世纪，高达 2.09 米。雕像呈现的这名男子留着雄浑有形的胡须，神色威严。同时，他那拥有流畅肌肉曲线的双臂自然地向两旁展开，尽显掌控一切、运筹帷幄的气势，使人不禁肃然起敬。雕像的细节处理非常细腻，不仅头发和胡须的刻画极其生动，面部表情也富有表现力。

关于这名男子的身份，众说纷纭。结合这名男子的抬手、伸手、远望的动作，有人猜测他是手握三叉戟的海神波塞冬，也有人认为他是雷神宙斯。

阿尔特米西昂青铜雕像

Artemision Bronze

阿伽门农黄金面具

Mask of Agamemnon

这件面具由海因里希·施里曼在迈锡尼遗址中发掘，它的历史可以追溯至公元前 16 世纪的迈锡尼文明。

阿伽门农黄金面具的制作工艺十分精湛，整体有着三维的立体特征。起初它只是工匠巧手之下的一张厚金片；经过加热后的多次锤打，面具的大致轮廓被勾勒了出来；随后使用特殊工具耐心地打磨，面具的五官，甚至胡子等细节最终得以清晰呈现。

阿伽门农是古希腊神话中的迈锡尼国王、《荷马史诗》中的英雄，他带领希腊联军征战特洛伊，并最终取得了胜利，但他的归国之路却充满了坎坷与悲剧。在荷马史诗中，迈锡尼是一个遍地黄金、十分富庶的国家。因此，这件黄金面具的发掘，掀起了人们对迈锡尼文明的讨论与研究的热潮。

尽管学界对这件面具的真实归属存在争议，但它仍然是迈锡尼时代十分重要的考古发现之一。

旅游推荐

傍晚，站在雅典卫城之巅，伴着日落，全雅典的风光一览无余。

帕特农神庙如一颗明珠般镶嵌在雅典卫城的顶峰，是古希腊璀璨文明的象征。

感受完古希腊磅礴的历史气息，可以选择来普拉卡历史街区逛一逛。普拉卡的迷人小巷和生动的街头艺术，让这座古城焕发出现代的活力。

在这里，你不能错过传统的穆萨卡和镶饭。将肉馅、茄子和土豆分层铺好，再撒上用奶酪做成的白酱，穆萨卡的奶香与肉香被调和得恰到好处。将米饭放进番茄或青椒里烤制而成的镶饭，充分吸收了蔬菜的清香，配合着美味的酱汁一同入口，香气在口中肆意迸发。

匈牙利国家博物馆

Hungarian National Museum

位于欧洲中部的布达佩斯，因其独特的民俗传统和丰富的温泉资源而闻名。

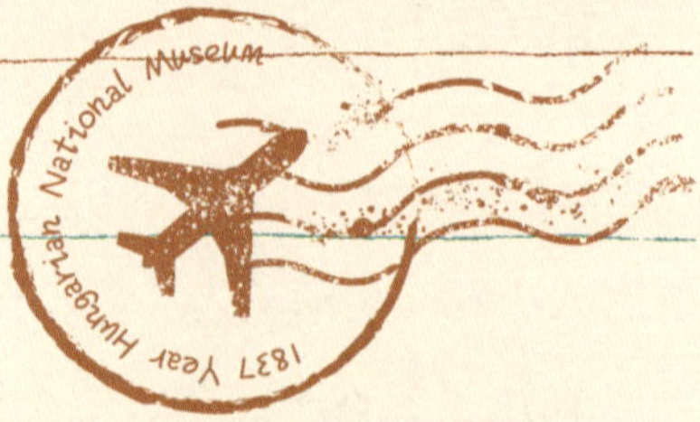

坐标　匈牙利布达佩斯

始创　1837 年

特色　匈牙利历史最为悠久、藏品最为丰富的博物馆，收藏了匈牙利各个历史时期的文物。

镇馆之宝

莫诺马修斯皇冠

Monomachus Crown

经过历史洪流的冲刷，全世界仅剩下三顶拜占庭皇冠，莫诺马修斯皇冠就是其中之一。这顶皇冠由七块精美的金板组成，每块金板的顶部为半圆形，装饰有精致的掐丝珐琅，斑斓的色彩也让皇冠愈发夺目耀眼。

金板上展示的是七位站立人物的肖像，他们神态动作各不相同，尤其是中间三块金板所展示的人物，他们耐人寻味的表情给世人留下了极大的解读空间。

位于中心的金板上刻画着身着全套帝王装束的君士坦丁九世，他的周围刻上了“君士坦丁·莫诺马修斯，罗马统治者”的铭文。在他的身旁，分别是马其顿王朝的最后两位公主——佐伊和她的妹妹狄奥多拉。其余的金板上展示的是两位拥有曼妙舞姿的舞者，以及分别象征正义和谦逊的寓言人物。在这七块金板上，我们还能看到灵动的鸟儿站在盘绕的树枝上，它们在陪伴着金板上人物的同时，一定也听到了不少趣事儿。

加冕斗篷

The Coronation Mantle

这件被称为“圣衣”的华美斗篷，是在公元 1031 年奉匈牙利国王斯蒂芬一世及其王后之命制作的，并由他们赠予了教堂。

加冕斗篷最初是一件钟形的一体式披风，后来才被改造成了半圆形的开放式斗篷。

加冕斗篷被视作中世纪欧洲纺织和刺绣艺术的典范。斗篷在明亮的灯光下绚烂夺目，它由奢华的拜占庭丝绸绣制而成，以华丽的金丝银线缝绣作为点缀，领口处还缝制有珠宝并装饰有精美的动物图案。

此后，在匈牙利国王的加冕仪式上，这件加冕斗篷一直被沿用了下来。每一次新王加冕，都为它增添一层庄严和神圣的光辉。久而久之，这件斗篷就成为了匈牙利皇家的象征。透过世纪的风霜，它见证了匈牙利历史上一代又一代君主的光荣时刻。

伊丽莎白王后的上衣

Bodice once belonging to queen Elizabeth

这件黑色上衣属于备受匈牙利人爱戴的王后——弗朗茨·约瑟夫一世的妻子伊丽莎白，也就是大家所熟知的茜茜公主。

伊丽莎白在一个秋日的早晨来到日内瓦湖畔，正准备登船享受湖上的风光时，却遭到了一个意大利无政府主义者的刺杀。由于刺中的地方紧邻心脏，王后未能挺过这场突如其来的灾难，最终与世长辞。

遇刺的那天，伊丽莎白身上穿的正是这件黑色丝绸紧身上衣，这件上衣见证了她生命的终结。后来，亲历这一沉重历史的上衣被匈牙利国家博物馆收藏。

这件上衣不仅是一件服饰，更是历史的见证者。它讲述着一个关于悲剧和不朽记忆的故事，让我们不禁为那段发生在秋日里的悲惨故事而惋惜。

旅游推荐

从多瑙河畔的布达佩斯城堡区出发，观赏完布达皇宫的宏伟建筑，顺着路线前行，匈牙利国会大厦同样是必访之地。这里不仅有特色城市景观，还藏匿着丰富的历史文化故事待人发掘。

在市区内走走逛逛，行至多瑙河边，伴着晚霞，先喝上一碗香气四溢的匈牙利牛肉汤或渔夫汤，再来一只烟囱面包卷，搭配上一杯甜美的托卡伊酒，回味无穷。

晚上，在渔人堡上俯瞰布达佩斯城，绝美夜色尽收眼底，一天的疲劳消失殆尽。

瑞典历史博物馆

Swedish History Museum

斯德哥尔摩是一座诞生在群岛上的城市，它是北欧文化的灯塔。老城区的石板街道、色彩斑斓的建筑在宁静的水面上交相辉映，诉说着这座城市丰富的历史。

坐标　瑞典斯德哥尔摩

始创　1866 年

特色　全球收藏维京时代文物数量最多的博物馆，为我们展现了瑞典这一北欧民族在维京时代的风貌。

黄金屋

The Gold Room

你们能想象吗？在黄金屋里有 3000 多件金银宝贝，其中光黄金就有 52 千克重，白银更是多达 200 千克！这里的每一件金银器具都是艺术家的杰作，它们包括精美的器皿、独特的工艺品、闪亮的首饰，还有惟妙惟肖的雕像。

在这些瑰丽的藏品中，最令人着迷的要数那三件古老而神秘的金项圈了（配图中的金项圈为其中一件）。

这三件制作于 5 世纪的金项圈充满着谜团，至今没人能够确切地说出它的佩戴者以及用途。

项圈的设计独具匠心，它由弯曲的空心管组成，空心管连在一起，分成两个独立的部分，通过一种巧妙的锁定装置连接，饱含古代工匠的智慧与巧思。而项圈上那些精致装饰，描绘着不同风格的人类图案和各种动物图案，有些甚至小到肉眼都无法看清，令人不由感叹瑞典工匠高超的工艺。

除了金项圈外，黄金屋里还有许多其他宝藏也值得我们一探究竟。

我们可以从螺旋状金色发髻装饰物、蛇头戒指、镀金胸针中瞧见几千年前的人们是如何装扮自己的；还可以从刻有古老北欧宗教神话的金片中了解当地人的信仰；又或是从几座包含珠宝、金银饰品的宝藏中感受当时人们对于财富的理解……

巴伦女子

The woman from Barum

在瑞典历史博物馆里，有一位女子静静地坐在角落里。她是在瑞典发现的非常古老的女性之一，生活在约 9000 年前的斯堪的纳维亚巴伦村。

特别有意思的是，最初人们在发现她的时候都认为她是一位男性猎人，因为在她的墓中找到了只有身材魁梧的人才能用上的狩猎器具。但后来经过科学家的检测与考证，才确认了这具骨骼的主人其实是一位女性。

巴伦女子的发现改变了人们对古代社会中不同性别的一些刻板印象，这让人们认识到古代的女性也同样勇敢，同样有可能参与狩猎、捕鱼等工作。

复原图

如尼石刻

Runic script

在岩石上刻上想要表达的内容是古代人类沟通交流的重要方式，他们通过岩石上的字母或者图案互相传递信息，有时还将它们当作与神明互动的媒介。

这些刻在石头上的古老符号叫作“如尼字母”，我们又可以称之为符文或者卢恩字母。它曾是北欧日耳曼民族的文字，流传在斯堪的纳维亚半岛。虽然它们的具体含义仍有待考证，但它们在古代器物和建筑中的频繁出现，说明了其在北欧历史中的重要性。

这块展出的岩石上刻画着一艘载有人的小船，还有类似于马的动物，这些图案可能是当时人们生活的写照，也或许蕴含着某种神秘的传说，你们觉得它们象征着什么意义呢？

旅游推荐

在这座被称为“北方威尼斯”的小城中，不容错过的是斯德哥尔摩老城和斯德哥尔摩王宫。漫步在老城小巷里，穿梭在独具韵味的古老建筑之间，仿佛穿越回了中世纪。

地上风景迷人，而深入地下，斯德哥尔摩地铁则以其独特的艺术装饰而闻名，被称为“世界上最长的艺术长廊”。在100多个地铁站中，可以看到许多当代的艺术作品，感受不一样的“地下世界”。

当然，瑞典的美食也不容错过，传统的瑞典肉丸搭配一杯酸甜可口的北欧莓果汁，海盗菜搭配新鲜的水果和甜点，会让你在眼花缭乱的同时，肚子也“面临”不小的压力。

维也纳艺术史博物馆

kunsthistorisches Museum Wien

维也纳是“多瑙河的女神”，是欧洲古典音乐的摇篮，享誉“音乐之都”。维也纳艺术史博物馆是奥地利的地标之一，百年以来一直孜孜不倦地向世人展示着欧洲辉煌的历史画卷。

坐标　奥地利维也纳

始创　1871 年

特色　虽称为“艺术史”博物馆，但它的历史价值不容小觑。博物馆二楼有一家极具艺术感的巴洛克咖啡馆。

镇馆之宝

《巴别塔》

The Tower of Babel

《巴别塔》是博物馆顶级的镇馆之宝，它的作者是 16 世纪尼德兰最伟大的画家——勃鲁盖尔。

画作讲述了这样的一个故事：上帝为了惩罚人类，想要发动大洪水将陆地上的人类消灭，但上帝却放过了一位名为诺亚的男子及其家人，因为他们生性善良、正直，不同于其他罪恶的人类。上帝吩咐诺亚在他发动大洪水之前建好方舟以躲避灾难。最终，诺亚和家人在大洪水中幸存下来。许多年后，人类决定齐心协力建造一个通天塔——巴别塔。这样上帝再次降

下洪水的时候，人们就有住所可以躲避灾难，不至于再次被灭绝。

因为人类同宗同源，使用的是同一种语言文字，所以能够一起合作修塔。上帝得知修塔的事情后，认为人类狂妄自大。随着塔越修越高，上帝开始担心通天塔真的会建成，于是他搅乱人类的语言，让他们彼此无法沟通协作，最后高塔的建造工程土崩瓦解，以失败告终。

这幅画表现了人类奋力追求目标的悲剧英雄主义，也歌颂了人与自然、上帝抗争的精神。

《夏》

Summer

这幅画非常新奇，出自文艺复兴时期著名画家朱塞佩·阿尔钦博托之手。1563 年，他相继创造了《四季》系列画作，包括《春》《夏》《秋》《冬》。每一幅画都是典型的人物肖像，但与众不同的是，他运用的是瓜果、蔬菜、花朵等自然元素来进行五官与细节的刻画，四个季节的肖像所呈现出来的年龄与性格各异。

这一幅便是《四季》中的《夏》。“夏”的面容阳光明媚，它有着桃子般的红润脸颊、樱桃般的小巧眼睛、西葫芦般的大鼻子、豌豆排列组成的牙齿和樱桃般饱满的丰嘴、如白蒜般光亮的两鬓、麦穗般金亮的眉毛……人物的脸部刻画得相当传神与到位，明亮的色彩与黑色背景形成对比，显得更加鲜活。它的发饰由洋蓟、桑葚、橄榄与橄榄叶等组成，花样繁多。外衣与衣领都由金灿灿的麦穗编织而成，整体传递着温暖与欢愉的感觉。

阿尔钦博托的这种新奇画技，在当时造成了极大的轰动，同时也激励了后世画家不断地进行创新。他用这一系列画作告诉我们：人类的生存、自然的变化和时间的推移之间的关系，是一个永恒的主题，值得历代不断探索与深思。

奥古斯都浮雕宝石

Gemma Augustea

这块浮雕宝石名为“奥古斯都”，顾名思义，旨在颂扬奥古斯都皇帝及他的继任者提比略的英勇事迹。据猜测，在公元 20 年，它作为奖品被赐给了贵族王室。

浮雕宝石用缟玛瑙制成。缟玛瑙是一种半宝石，通常有层次色彩分明、条纹相叠的花纹。工匠精心挑选了这块有着黑白花纹的缟玛瑙，将石头黑色花纹的部分作为背景，将白色花纹的部分雕刻成人物。这种浮雕宝石的雕刻手法在欧洲古董界被称为“卡梅奥”。

浮雕分成上下两部分。上层部分，奥古斯都穿着罗马主神朱庇特的服装登上王座，手持权杖和占卜杖，脚下有一只雄鹰，诸神为他加冕。最左边，是皇帝的继子提比略驾驶着马车赶来现场。

下层部分，众神合力竖立起一根象征着对外战争胜利的标杆，并将战败的俘虏带到标杆前，意在宣扬罗马帝国对外征战的百战百胜。

旅游推荐

站在多瑙河畔，一边聆听经典音乐旋律，一边欣赏城市美景，实为一种享受。

优雅温柔的美泉宫、神圣威严的霍夫堡皇宫、有着高达 72 米的罗马式圆形拱顶的圣卡尔教堂都是维也纳非常有代表性的历史建筑。

普拉特游乐场是世界上尤为古老的游乐场之一，游玩项目很丰富，尽情体验一番后，再在餐馆里点上一份奥地利传统美食：软糯的土豆牛肉、酥脆的维也纳炸肉排、凯撒面包、苹果馅饼……真是惬意极了！

俄罗斯国家历史博物馆

State Historical Museum

莫斯科自古以来就是一座铁血的城市，俄罗斯国家历史博物馆也是如此，从未因任何原因关闭过，即使二战期间莫斯科被德军包围，也依旧坚持开馆，具有不卑不亢的“战斗民族”气节。

坐标 俄罗斯莫斯科

始创 1872年

特色 具有“铁血”气质的博物馆，收藏着丰富的俄罗斯文化艺术品瑰宝。

镇馆之宝

法拉尔（黄金马具浮雕）

The ornament of the harness

这件黄金马具浮雕发现于库班地区，直径为14.2厘米。它是公元前2世纪至1世纪期间的萨尔马提亚文物，是博物馆中的珍宝。

萨尔马提亚人是一个强悍的草原部落，他们喜马好战，拥有精锐的重装骑兵部队，公元前2世纪末期至2世纪，他们挺进库班河流域，一部分萨尔马提亚人就在库班的河谷扎根。

萨尔马提亚部落的墓葬中有大量的马匹、马具葬品。萨尔马提亚人精于手工艺，金属制品尤为出色，这件黄金马具浮雕就是库班地区的萨尔马提亚人用来装饰马具的。浮雕描绘了与酒神狄俄尼索斯有关的古希腊神话故事，人们猜测它雕刻的可能是狄俄尼索斯、雅典娜并肩同巨人斗争的场景。

黄金马具浮雕诠释了当时库班地区的萨尔马提亚人对古希腊酒神的崇拜。因为他们作为部落民族不断迁移、征战、贸易，所以受到希腊文化的影响也就不足为奇了。

金杯

Golden Cup

金杯珠光宝气，在灯光的照耀下如同红玫瑰一般鲜艳，花瓣边缘落着水滴，晶莹剔透，娇艳欲滴。

金杯最初被彼得大帝赏赐给一位名为马特维·彼得洛维奇·加加林的俄罗斯贵族。1709 年，俄罗斯与瑞典发生了波尔塔瓦战役，俄罗斯最终赢得了胜利，此战对于俄罗斯统一北方有着关键的意义，彼得大帝对于此战的功臣都大加赏赐。

彼得大帝亲手制作了金杯的杯体，工匠为杯边镶嵌了各色的宝石，杯内中间还点缀着一颗血红色的大宝石。金杯制作好以后，立刻被赐予了领导此战胜利的功臣加加林，以表彰他的功绩。

20 世纪 30 年代，俄罗斯国家历史博物馆将它从国外购买回来收藏在博物馆之中，是博物馆中无与伦比的珍贵宝藏。

亚历山德拉·费奥多罗夫娜皇后的肖像

Portrait of Empress Alexandra Fiodorovna

德国艺术家弗朗茨·克鲁格曾受邀前往俄国，为皇室贵族作画。1852 年，他为尼古拉一世的皇后——亚历山德拉·费奥多罗夫娜作了此画。

在这幅肖像画中，皇后身穿华丽的宫廷礼服，端庄优雅，威严尊贵。皇后佩戴有镶嵌了不同颜色珠宝的头饰和项链，手中握有一束蓝色矢车菊。矢车菊象征着德国，而当时德国统治者威廉一世是皇后的兄弟，矢车菊代表着她有着强大的母族靠山，体现了她的另一层身份地位。

皇后喜爱白玫瑰，她的许多装饰品上都有白玫瑰的元素，包括画中她所穿的这件礼服也如同白玫瑰一般高贵。今天的俄罗斯人一提到亚历山德拉皇后，就会将她的形象与白玫瑰和矢车菊联系起来，这已经成为了她独一无二的标志。

她的宫廷礼服肖像画在俄国的版画中经常出现，非常受欢迎，她也成为俄罗斯人的“熟面孔”了。

旅游推荐

莫斯科的圣瓦西里升天大教堂以独特的建筑风格闻名于世——有着九个五颜六色的洋葱状大圆顶，如童话中的城堡一般浪漫。

想欣赏莫斯科的全景，就去扎里季耶夫公园的浮桥。想体验亲子游，就去高尔基公园看音乐喷泉表演。想欣赏优雅的天鹅湖之舞，就去莫斯科大剧院。

克里姆林宫中收藏着沙皇时期最奢华的物品——珠宝、金银器、兵器马车、东西方各国的古董艺术品和外交礼品等，无所不有。

回国前，可购买一份法贝热彩蛋系列的纪念品，如大型彩蛋台灯、小型彩蛋耳坠，精致独特，非常具有代表性。

罗马国家博物馆

National Roman Museum

罗马是在七座山丘之上发展而来的“七丘之城”。作为古罗马文明的发祥地，这座“永恒之城”至今仍能让人感受到历史的余温。

坐标 意大利罗马

始创 1889年

特色 该博物馆由戴克里先浴场、阿特姆彼斯宫、马西莫宫和巴尔比宫4座主馆和30余个附属场馆组成，藏品丰富，涵盖了艺术、历史、考古等多个领域。

镇馆之宝

路德维希宝座浮雕

Ludovisi Throne

1887年，人们在罗马郊区的路德维希别墅，发现了这件由三块白色大理石浮雕组成的雕塑作品，有人认为它的原型是神的宝座，也有人将它看作用来摆放神像的祭坛基座。

三块浮雕都完美表达了当时艺术家的自由创新思想。三块浮雕之中最为著名的是背雕，它讲述了一个神话故事——《维纳斯的诞生》。

维纳斯是希腊神话中的爱与美之神，这块浮雕则刻画了维纳斯由海洋之中诞生的一幕。宝座左右两侧的浮雕则分别刻画了两位正在焚香和吹笛的女性形象。

通过浮雕作者严谨的构图、对人体线条精准的描摹，动作自然、体态优美的女性形象呼之欲出，冰冷的路德维希宝座也增添了几分柔和。

波多纳西奥石棺

Portonaccio Sarcophagus

1931 年，波多纳西奥石棺在罗马的郊外被人们发现。相传石棺的主人是一位罗马将军，他在抵御日耳曼人侵扰的马克曼战争中牺牲。

石棺表面的大理石浮雕描绘了帝国时期罗马与蛮族之间的一次交锋。在石棺的正面，罗马士兵在混战中的英勇姿态被刻画得淋漓尽致，而石棺侧面的浮雕则是描绘了战争之后蛮族人受俘的场面。

石棺的雕刻采用了明暗对比法，将战争中罗马士兵骁勇善战的姿态与蛮族备受打击的境况描绘了出来，使得浮雕在内容繁杂、细节良多的情况下依旧富有戏剧性。波多纳西奥石棺以厚重的大理石为基底创作而成，给人带来丰富的观感体验。这些生动的浮雕画面，至今仍在向世人展现着不朽的英魂神话、传递着古老的战歌豪情。

掷铁饼者

Discobolus

掷铁饼者是古希腊雕塑艺术中的杰出代表，由著名雕塑家米隆于公元前5世纪创作。可惜的是，掷铁饼者的原作已经消失在历史长河之中，后人只能通过复制品一窥其貌。

雕塑描绘了一名男子掷铁饼瞬间的动作，体现了米隆对人体动态和比例的独到理解。雕塑极富生命力，人物强壮的肌肉与优雅的动作姿态相结合，刚柔并济，完美、真实地再现了运动员的形象，是米隆对展示人体力量美的一次大胆尝试。

早在公元前12世纪，掷铁饼运动就有了雏形。当时的希腊勇士们，以投掷石片的形式进行竞赛活动，比拼谁更强壮、更有力量。后来，这技艺演变为生活技能——通过投掷石头猎取飞鸟或摘取果实。

随着时间的推移，手中扔的石头变成了铁饼，进而发展为成熟的掷铁饼运动。掷铁饼不仅是力与美的竞技，更是古人生活智慧的载体，承载着他们与自然互动中获得的乐趣和领悟。

旅游推荐

参观完罗马国家博物馆，行至纳沃纳广场，三座著名的喷泉映入眼帘，巴洛克式殿堂楼阁排列其中。

不远处的圣天使城堡，原是古罗马皇帝哈德良的陵墓，后来经历了千年的变迁，成为了坚固的城堡。城堡的轮廓映照在它身旁的台伯河中，流淌着的河水为这座古老的城堡增添了几分柔情。

此外，游客们还可以漫步至万神庙一览它的风貌。尽管经历了数个世纪的风雨，万神庙依然屹立不倒，成为了罗马不朽的象征。

许多人因为电影《罗马假日》而钟情于罗马的美食。在这里能够品尝到正宗的意式比萨、各式的意大利面，配上一杯香醇的意式浓缩咖啡，每一口都让人不禁发出赞叹。天气晴朗时，还可以来一份口感绵密的意式冰激凌。

列支敦士登国家博物馆

Liechtenstein National Museum

列支敦士登位于瑞士和奥地利之间，是一座被阿尔卑斯山环抱的"秘密花园"。秀丽的山地风光和古老的中世纪城堡是列支敦士登最响亮的"招牌"。

坐标　列支敦士登瓦杜兹

始创　1890 年

特色　麻雀虽小·五脏俱全，珍贵的文物和精致的工艺品都在静静"述说"着列支敦士登的悠久故事。

镇馆之宝

卡尔一世王冠

A replica of the Princely Hat made for the first Prince of Liechtenstein

1623年，列支敦士登的亲王卡尔一世委托珠宝商制作一顶王冠。三年后王冠制成，这顶王冠辉煌无比，象征着皇室威严。

1781 年，王冠神秘失踪，从此再无下落。直到 20 世纪 70 年代，列支敦士登的人民精心制作了一顶此王冠的复刻品，在 1978 年敬献给了亲王弗兰茨·约瑟夫二世。至此王冠的模样才又一次出现在众人的视野之中。

王冠的设计模仿了奥地利皇帝王冠的风格，装饰有宝石镶嵌的金莲叶。原王冠由黄金制作而成，镶嵌有 26 颗珍珠、30 颗大钻石、99 颗小钻石以及 16 颗红宝石，其奢华精美程度放在现在也十分罕见。

王冠上的珠宝可不只是装饰品那么简单，其背后有着特殊的含义与作用。古时的人们认为珠宝是具有魔力的物品，如钻石能驱逐邪灵，红宝石能防御疾病并且通过变色来预警危险，珍珠则能改善佩戴者的健康状况。

总而言之，这顶皇冠不仅是工艺上的杰作，更以其独特气魄与无上权威，于冥冥之中和列支敦士登的历史共振，具有极深远的历史价值。

苹果花彩蛋

Apple Blossom Egg

在 18 世纪的俄国宫廷之中，复活节是尽显皇室奢华的重要节日。复活节中的“重磅嘉宾”——复活节彩蛋，凭借它华丽的装饰以及美好的象征意义，成为了皇族成员中炙手可热的礼物。

其中，宫廷珠宝商、金匠——法贝热的复活节彩蛋作品最为著名。19 世纪末开始，他为沙皇家族陆续打造了 50 颗无与伦比的彩蛋，每一件都是独一无二的艺术杰作，这些作品尽显法贝热非凡的想象力与精湛的技艺。

馆藏的“苹果花彩蛋”以其精致细腻的工艺和珍稀的材料，成为了众多彩蛋中的佼佼者。这枚长达 14 厘米的彩蛋，设计灵感源自远东，以苹果花开的季节作为主题，由软玉、双色黄金、钻石和珐琅等材料精心制作，尽显苹果花盛开之美。

古滕堡雕像群

The Gutenberg Statue Group

古滕堡雕像群是列支敦士登一项著名的考古发现，它的历史可以追溯到公元前 5 世纪的凯尔特时期。

古滕堡雕像群由九尊青铜雕像组成，铸有人、神与动物的形象：其中包括凯尔特人最为崇拜的战神形象——这也是这一雕像群中最大的一尊；还有凯尔特时期最为常见的两种动物——野猪和牧鹿，这两种动物既象征生育，其尖利的牙齿与嶙峋的鹿角也代表着强大的力量。

关于这些雕像的作用，人们普遍认为这是凯尔特人给凯尔特众神的祭品。当我们回望历史时，也可以透过这几尊冰冷的雕像，一窥植根于欧洲腹地森林中的古老文明，感受凯尔特人对自然的敬畏和对艺术的追求。

旅游推荐

矗立在悬崖边上的瓦杜兹城堡，从中世纪开始扩建至今，它是列支敦士登历史文化的象征，在瓦杜兹城堡可以沉浸式地感受这个国家的历史文化气息。

如果你爱好自然，还可以沿着莱茵河骑行、去到阿尔卑斯山远足，抑或是在绵延山脉上体验刺激的滑雪，以多种方式充分享受这些来自大自然的馈赠。

享受自然之余，别忘了尝尝这儿品类繁多的奶酪，每一种都能让你拥有独特的味觉体验。在由玉米面做成的小饺子或面条上铺一层奶酪和酥炸洋葱制作而成的简单菜肴，是列支敦士登的传统美食，虽简单，却能带来别样风味。

瑞士国家博物馆

Swiss National Museum

游访瑞士，首站必是瑞士国家博物馆，它像一面映照出瑞士历史灵魂的镜子，从中可以折射出瑞士乃至欧洲的精神文化厚度。

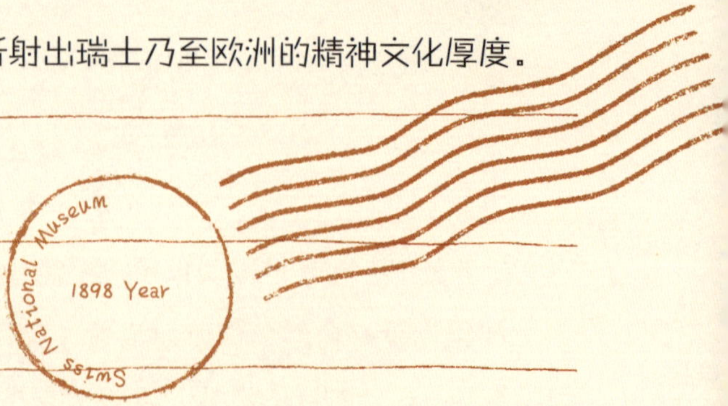

坐标　瑞士苏黎世

始创　1898 年

特色　藏品覆盖从新石器时代至现代的瑞士历史文化脉络。免费提供智能讲解，实现了科技与文化的完美融合。

瑞士军刀

Schweizer sabel

这把锋利的军刀约造于16世纪中叶，当时应属于一位比较有地位的骑士或者贵族。军刀的长度达到 1.18 米，颇具特色：整身以慕尼黑的铁片进行打造，鞍头是一颗张牙、瞪目的狮子头，眼睛部分用黄铜装饰，剑柄中间雕刻有非常显眼的图案——两个随从跪拜在君主的膝前以示虔诚，而君主似乎在对他们做出严厉的审判。

众所周知，骑兵刀是欧洲骑兵征战沙场的重要作战兵器，对他们而言，骑兵刀不仅要有合适的重量、锋利的刀身，还要有轻巧的护手设计，这样才能保障手部安全。这把军刀则完美符合了这些要求。

宝玑旅行钟

Breguet travel clock

这座旅行钟由赫赫有名的钟表设计师——阿伯拉罕·路易·宝玑制造。

18 世纪末，拿破仑将军向宝玑订购了这座钟。它配备有多种强大的功能，比如打簧功能、日历显示、月相显示、闹钟功能等。

在当时，它是拿破仑出征埃及的军用工具，也是拿破仑身份地位的象征。

它三面罩着玻璃，钟壳是镀金的青铜材质，钟面雕刻有藤蔓枝叶的花纹，舒卷自如。

下面有三个长方形的小显示框，分别显示星期、日期和月份。

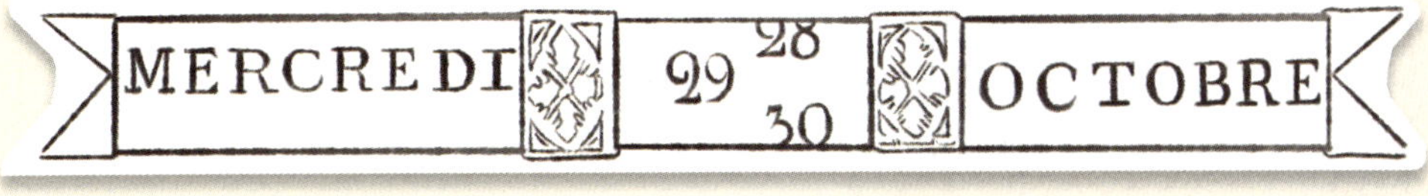

正中间是银质的满月形表盘，用于显示时间。满月表盘中有一枚弯月形的显示盘，用于显示月相，显示盘刻有繁星点点。宝玑先生考虑到了拿破仑出征期间会常有夜间军事行动，如果在黑夜进行伏击的时候出现了满月的情况，就很容易暴露行踪。而月相显示盘就可以消除这个隐患，军队可以通过它精准得知月相，从而掌握进攻的先机。

不仅如此，它的抗震性能很强，动力储存也很持久，可以保证在长途跋涉的旅途中持续正常运作，真正称得上是“旅行钟”。

拿破仑热衷于收藏宝玑手表，后来的法国皇室贵族也纷纷跟风。这座旅行钟历经百年，风采依旧，是博物馆当之无愧的珍宝。

彩色玻璃花窗

Stained glass window

彩色玻璃花窗是博物馆的特色藏品。左图所示这扇花窗是瑞士现存最古老的玻璃花窗，历史可追溯至13世纪。

花窗色彩绚丽、丰富、明亮，展现了圣母怀抱圣子的画面。

在古埃及、古罗马时期，聪明的人类就已经掌握了制作彩色玻璃的技术。中世纪以来，欧洲建筑物都盛行使用彩色玻璃花窗，制作技术也越来越精进。

这些彩色玻璃之所以会有这么丰富的颜色，奥秘就在于工匠在熔融玻璃时混合了不同的金属化合物。再经过一系列复杂的加工、切割、拼装过程，最终形成一扇五光十色的彩色玻璃花窗。

彩色玻璃花窗前，灿烂的阳光照在玻璃上，折射出色彩斑斓的光影，实在令人赏心悦目。

小贴士

瑞士不属于欧盟国家，需要单独的签证。

旅游推荐

走出博物馆，漫步于苏黎世的购物天堂——班霍夫大街，在这里你可以探索一片新天地。沿着大街来到苏黎世湖，你可以与成群的白天鹅“亲密接触”。

必去的打卡点非苏黎世圣母大教堂和苏黎世大教堂莫属，它们隔河相望，仿佛触不可及的“恋人”。

苏黎世联邦理工学院是伟大科学家爱因斯坦的母校，在主楼前广场可以尽情俯瞰苏黎世的全景，感受整座城市的风情。

瑞士人喜爱芝士奶酪火锅的香而不腻，来到这里可以入乡随俗，品一品地道的芝士火锅。

柏林佩加蒙博物馆

Pergamon Museum, Berlin

柏林是一座开放包容的城市，不仅拥有世界一流的博物馆，还是现代艺术的天堂。

坐标　德国柏林

始创　初建于 1910 年，建成后于 1930 年开放

特色　博物馆建筑本身就是一座融合了新古典主义和巴洛克风格的艺术杰作，其中珍宝无数，并以重建大型考古建筑、遗迹闻名于世。

佩加蒙祭坛

Pergamon Altar

佩加蒙祭坛，又名宙斯祭坛，是古希腊非常著名的遗迹之一。

佩加蒙王国是希腊化世界中十分重要的文化中心，吸引着众多学者和艺术家在此大放光彩。公元前 2 世纪初，人们在佩加蒙的平地上建立起了这座规模巨大的祭坛，宽和深均超过了 30 米，光是祭坛前方的台阶就有将近 20 米宽！博物馆所陈列的祭坛是原祭坛的复原品。

祭坛上的浮雕展示着奥林匹斯众神与巨人们战斗的场景，预言了新秩序将要推翻旧世界的巨变。

佩加蒙祭坛的浮雕不仅内容极为丰富，细节刻画也极其精到。众神的五官、发型、着装、姿态均经得起细致推敲。

祭坛展现出的非凡建筑技艺至今仍令人惊叹，也因此一直吸引着一众学者，研究当时的人们建造这一宏伟建筑所使用的巧思。

米利都市场大门

The Market Gate of Miletus

米利都市场大门高约 16 米，原本矗立于土耳其的米利都，后来才被迁移到柏林。大门最初被设计用作米利都南部市场的入口大门，之后被纳入城市的防御工事。

此建筑融合了罗马帝国和希腊的建筑风格，其发掘出的部分保留了超过 60% 的原始大理石，是现存古典遗迹中保存得较为完整的代表之一。

在米利都市场大门的两旁，还有两尊不太完整的雕像。其中一尊雕像身披将军铠甲，脚下是被征服的野蛮人；另一尊则是一位英雄手持象征丰收的丰饶之角。这两尊雕像在 2009 年经过修复，再次被安置在城门的两侧，继续守护着在他们心中永存的米利都。

虽然经过地震与战乱，米利都市场大门受到了严重的破坏，但我们仍能从大门的建筑构造、雕饰、地板上镶嵌的马赛克图案以及两尊雕像的残片中，感受到米利都市场曾经的繁华。

伊什塔尔城门

Ishtar Gate

伊什塔尔城门犹如一颗镶嵌在古巴比伦皇冠上的璀璨宝石，沐浴在历史的光辉中。这座由尼布甲尼撒二世下令建造的壮丽城门，不仅是巴比伦城用于防御的坚固屏障，也是连接人与神的神圣通道。每逢新年庆典，伊什塔尔城门都会成为盛大游行的起点，人们穿过这座装饰华丽的城门，走过中间的仪仗大道，以求守护神的庇佑与加持。

这座城门还因为它独特的蓝色琉璃砖而闻名于世，在城门下，你就像是置身在碧海蓝天相接处的圣殿。这些蓝色琉璃砖让伊什塔尔城门散发出宝石般的光泽。城门上金色和棕色动物的浮雕也惟妙惟肖，它们还代表着伊什塔尔女神的力量，默默守护着伊什塔尔。城门上还刻着尼布甲尼撒二世的铭文，讲述着这座城门的建造宏图和它在古城中担任的重要角色。

小贴士

由于翻修，佩加蒙博物馆于2024年闭馆，但全景博物馆仍然开放。博物馆开放时间可参考官网通知。

旅游推荐

除了柏林佩加蒙博物馆，一同坐落于博物馆岛上的其他四座博物馆同样值得一游。另外，博物馆岛附近的柏林大教堂和亚历山大广场，是感受柏林历史和文化氛围的绝佳地点。

勃兰登堡门伫立在柏林的中心，这是一座见证了德国分裂与统一的历史标志。

同样见证了德国历史的标志性建筑还有柏林墙，它残存的部分墙体被涂鸦艺术家们赋予了新的生命，成为了一幅讲述和平与自由的彩色画卷。

德国有着悠久的香肠制作传统，超过 1500 种不同类型的香肠等你去探索。外皮酥脆可口、肉质嫩滑多汁的德式脆皮猪肘以及酸爽入味的酸菜炖肉，更是来到柏林不得不吃的美食。

苏格兰国家博物馆

National Museum of Scotland

你知道吗？历史上涌现出了许多与苏格兰有渊源的杰出发明家，其中改良蒸汽机的瓦特和发明电话的贝尔最为著名。毫无疑问，苏格兰这片土地蕴藏着无尽的创造活力，想要探寻其奥秘所在，苏格兰国家博物馆是绝佳起点。

坐标　苏格兰爱丁堡

始创　1985年由国家古物博物馆与皇家博物馆合并而成，2011年整合后重新开放

特色　涵盖了从苏格兰史前时代到现代的历史风采，并藏有精美的中国文物，其屋顶平台可以遥望爱丁堡城堡。

克隆羊多莉

Dolly the Sheep

克隆羊多莉是苏格兰的骄傲。

1996年7月5日，多莉出生于苏格兰中洛锡安罗斯林研究所，拥有三位母亲：基因母亲为一只芬兰多赛特白面绵羊，线粒体母亲为一只苏格兰黑面绵羊，生育母亲为另一只苏格兰黑面绵羊。

2003年，多莉去世以后，被制作为标本存放在这里。多莉的出生过程相当的曲折，它的成功“产生”具有重要的时代价值与科研价值，对于保护濒危动物、维护生态平衡也具有重要的实践意义。

千禧钟

The Millennium Clock

苏格兰国家博物馆的大厅中矗立着一座巨大的“千禧钟”——制作于 1999 年，用以迎接千禧之年。

千禧钟的制作工艺复杂，由不同技术领域的五位专家通力合作完成。

千禧钟高十多米，看起来更像一个庄严的教堂钟楼。这座钟楼，与中世纪大教堂的建造结构相呼应，由四个部分组成：地穴、中殿、钟楼和尖塔。移步到二楼，才可以看到钟楼的尖塔顶端有一座精致的“圣殇”木雕，具有浓厚的宗教色彩。

千禧钟标志着时间的流逝，同时意在展示 20 世纪最美好和最黑暗的两面。其中，希特勒等形象代表黑暗面，卓别林等形象代表美好的一面。这座千禧钟每到整点的时候，就会奏响一曲跨越世纪的音乐，吸引无数观众前来欣赏，并纷纷陶醉在这别具一格的音乐盛会中。

点翠过桥凤冠

Headdress

这顶点翠过桥凤冠是苏格兰国家博物馆中的一抹亮色，是博物馆中不可多得的历史珍品，大多数中国旅客甚至会为了它专门前往博物馆。

这顶冠饰以翠蓝色为主调，与中国山水名画《千里江山图》有异曲同工之妙，这种颜色明亮鲜艳而不俗，非常吸引眼球。

点翠工艺是中国一项传统的金银首饰制作工艺。点翠工艺品一般采用鲜艳的羽毛、彩绘的胎纸、坚硬的金属材料等细心制作而成。

这顶凤冠是清末时期的艺术品，非常精美，冠饰中间点缀的是百花之王——牡丹。六只展翅飞翔的凤凰欢快地在花丛中嬉闹，就像一幅生动的画：一会儿这两只跳到了荷花上，叽叽喳喳，相互打闹；一会儿那两只衔着山茶花的花枝，装饰自己的羽毛。清代的贵妇们在参加宴会、婚礼等重要场合时，会佩戴这种类型的冠饰，以示隆重。

旅游推荐

爱丁堡大学是苏格兰必去的参观地，它在欧洲启蒙时代具有相当重要的领导地位，意义非凡。

爱丁堡城堡是游客最钟爱的打卡地。它被视为苏格兰的精神象征，城堡里有许多苏格兰的历史文物。站在城堡的露天台上，可以俯瞰爱丁堡的风景：具有风情的城市建筑、苏格兰火车、远处的蓝色大海……

你还可以走进圣吉尔斯大教堂，一览属于中世纪教堂的华丽。这里是苏格兰君主加冕的场所，也是标志性礼拜场所。

逛完累了，走进一家中意的苏格兰餐厅，尝一尝苏格兰的经典菜肴：可口的苏格兰蛋、酥烂软糯的慢火炖羊腿、暖胃的苏格兰羊肉汤……光是闻到香味，就已经垂涎三尺了。

No.2

ASIA

亚洲

东京国立博物馆

Tokyo National Museum

东京是一座融合着前卫与传统、时尚与古韵的城市。东京国立博物馆是最适合体验古韵气息的地方，光是外观就很有特色，融合了传统日式庭园与近代西洋城堡的建筑风格。

坐标　日本东京

始创　1872 年

特色　主馆、表庆馆、法隆寺宝物馆主要收藏的是日本本土文物，东洋馆中则收藏了中国、朝鲜、印度、埃及等国家的文物。

袈裟襷（jǔ）纹铜铎

Bronze Bell

第一眼看上去，你会不会以为它是一口钟呢？其实不然。

这件铜铎是日本弥生时代制作的工艺品，独占镇馆之宝的鳌头。

铜铎有两部分，一是环钮，刻有连续的旋涡纹，方便悬挂和运输；二是铎身，是一个扁平的圆筒形，表面刻有精细的纹理。铜铎前后两面都划分了六个方块区域，这与日本僧侣所穿袈裟上的襷条（袈裟上的条块状装饰）很相似，因而被称为“袈裟襷纹铜铎”。

铜铎的前后两面都画有图案，一面是蜻蜓、蝾螈、射鹿人、纺纱人、房屋、捣臼人，另一面是螳螂、蜘蛛、咬着鱼的甲鱼、叼着鱼的鹭、甲鱼和蜥蜴、猎野猪的猎人和狗。

铜铎是研究弥生时代农耕社会和铸造技术的重要资料。但是，它的用途究竟是什么还有待考证，总而言之，绝不仅是一口钟那么简单。

摇钱树

Money tree

青铜摇钱树的数量很稀少，博物馆所藏的这座制作于我国东汉时期，出土于成都平原，是博物馆中最耀眼的中国艺术品。

摇钱树分为三个部分：树顶、树身、树座。

树顶是一只展翅飞天的凤凰，身姿优雅，嘴中衔有一颗玉珠。

树身为青铜材质，有四层“树叶”，每片树叶都装饰有大量钱币，因此被称为“摇钱树”。中国古代的钱币是“外圆内方”的形状，蕴含了“天圆地方”的理念。除了铜钱之外，树叶还刻画有龙、凤凰、仙人等多种图案。

树座是绿釉陶所制，整体是一位憨态可掬的仙翁骑着羊的造型。

摇钱树在我国汉代被视为吉祥物，古人认为得之，钱财可来之不断、用之不竭，这表达了古人对于财富的向往。

花下游乐图屏风

Screen of Merrymaking under the Cherry Blossoms

这组屏风可能是宫中或贵族宅邸的室内家具，用来隔间居室、美化环境。画中的印章指明了画作的作者是狩野长信。

两幅屏风各分为六个部分，共有十二扇，它们的整体构图是相连的，并不是独立的，主要描绘了在八重樱树、海棠树下的酒宴场面。

第一幅主要以海棠树为背景，描绘了身着华丽服装、姿态端庄的贵妇人在海棠树旁的八角堂中欣赏着一群俊美贵公子、歌舞姬的舞蹈表演。

第二幅主要以八重樱树为背景，也是描绘了歌舞姬奏乐、舞蹈的场景，但是屏风曾逢关东大地震，其中有二扇被毁，主要的内容缺失了。

就画面比例而言，人物画得相当大，这凸显了画家对于人物刻画的重视。画面背景灵活运用了水墨画技法，画面构图整齐有致，具有浓厚的古风气息。

旅游推荐

浅草寺是东京都内最古老的寺院。浅草寺有一条长达 140 米的参拜大道，道路两侧排列着上百家店铺，在这里不仅可以享受到寿司、天妇罗、偶人烧、刺身等特色美食，还能买到浮世绘、屏风、江户风铃等不容错过的传统纪念物。

东京迪士尼乐园被誉为亚洲第一游乐园，男女老少在此各享其乐。

春天到来时，上野恩赐公园是绝佳的赏樱、野炊之地。夜晚时分，登上晴空塔，可以在高台上邂逅一场浪漫的东京夜景。

新加坡国家博物馆

National Museum of Singapore

新加坡是一个现代化与多元文化完美融合的国家，多样文化交织在绿意盎然的城市空间之中。

坐标　新加坡

始创　1887 年

特色　该博物馆是东南亚非常古老的博物馆之一，在这里我们能见证“狮城”新加坡几百年来历史变迁之“古”，还能看到新加坡绘画、影视、戏剧、美食文化之“今”。

镇馆之宝

新加坡石

Singapore Stone

在新加坡，有一块巨大的古石孕育着这个国家深邃的过往。

博物馆收藏的一块高约 3 米、宽约 3 米的岩石残片，被认为来自屹立在新加坡河口的一块巨型岩石。

新加坡当地有一个传说：从小居住在新加坡河岸的巴当偶然获得了特殊的强大力量，成为了“大力士”，他轻易地将巨石抛至新加坡河口。久而久之，人们都认为这块巨石是他投的。后来为了拓宽河道，人们将它炸毁，只剩下这块残片，成为了古石遗迹而收藏于博物馆内。

传说赋予了这块岩石残片神秘色彩。岩石残片上还刻有 50 行未被破译的神秘铭文，每一笔似乎都隐藏着丰富的信息。岩石残片上面写的到底是什么？不仅是我们，就连考古学家也无从知晓，仍在破译。

“新加坡石”是新加坡文化遗产的象征，见证了这个国家在这个地域的起源、发展与变迁。每一个见过它的人，也许都能感受到它所承载的历史重量，都能听见流淌在其中的故事。

满者伯夷臂环和耳环

Majapahit armlet and earrings

在满者伯夷统治时期，爪哇岛的工匠们制作了一些令人叹为观止的金饰，这些金饰后来被称为“满者伯夷金饰”。

在博物馆收藏的满者伯夷金饰中，最亮眼的是一只臂环和一对耳环。

镶有钻石的臂环不仅设计精美，还配有灵活摇曳的链条。值得注意的是，臂环上刻有狮面图案，这是爪哇的传统符号，代表印度教里的狮面守护神，在印度尼西亚许多寺庙的主入口顶部都能看到这样的符号。

另一对独一无二的耳环均镶有 11 颗钻石，它们还采用了插槽接头和线铰链设计，展现出了鲜明的爪哇风格。

这些金饰是爪哇岛古代工匠高超技艺和独特审美的结合体，满者伯夷时期的艺术风格在其精细的工艺和复杂的图案中一览无余。

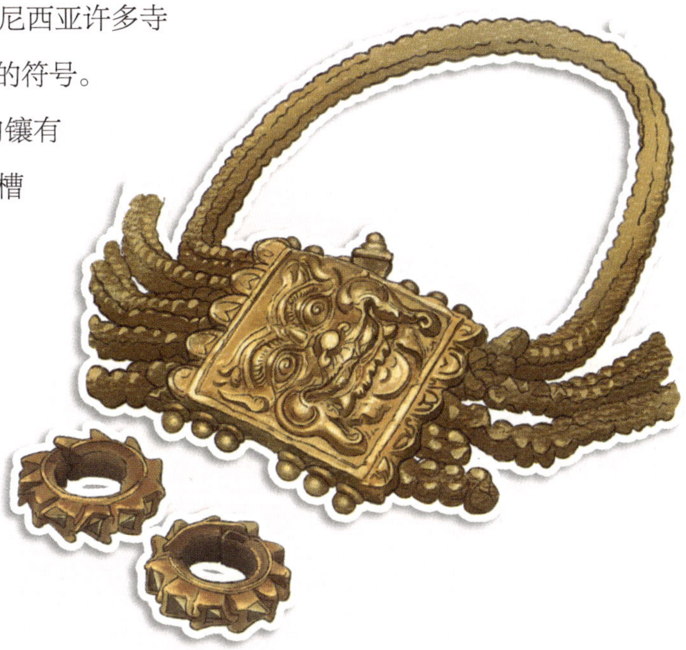

新加坡市议会权杖

The Mace of the City of Singapore

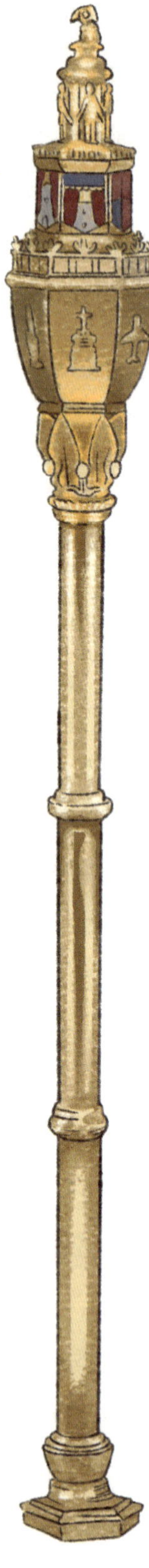

在新加坡的历史长河中，有一件文物非常特别，它见证了这个“城市国家”的成长，也体现了新加坡文化的多元与融合，它就是新加坡市议会权杖。

1951 年，新加坡人口达到 100 万，升级为“市”。为了庆祝这一重要时刻，华人慈善家陆运涛联合英国王室，向新加坡赠送了这根意义非凡的权杖。

权杖上镌刻着象征中国人、马来人、印度人和欧洲人的银色小人像，他们通过花环相连，共同站立在一座装饰有城市徽章的城堡之上，寓意着不同种族和文化在新加坡这片土地上和谐共存。

权杖的设计还巧妙地融入了新加坡的生态、文化和贸易元素，它们共同赋予了这根权杖深刻的意义，承载着赠予者对新加坡独特文化与社会结构的认可与赞扬。

新加坡市议会权杖不仅是一件艺术品，更是这座城市独特魅力的象征。

旅游推荐

鱼尾狮公园是来到新加坡不可错过的标志性景点。公园中狮头鱼身造型的雕塑，象征着新加坡从渔村变成“狮城”的转变，是新加坡这座城市集勇气与智慧于一体的城市标志。

滨海湾花园拥有两个温室花园——“云雾林”和“花穹”。在这里，人们可以漫步在各式各样的花草树木之中，一饱眼福。

此外，乌节路是购物爱好者的天堂，这里汇集了世界各大品牌商品和当地特色商品，陈列了亚洲各地的美食：肉骨茶、海南鸡饭、咖椰吐司、叻（lè）沙等等。

越南国家历史博物馆

Vietnam National Museum of History

在这个极具特色的东方古韵之国，法式建筑与越南传统风格相融合，具有独一无二的风情，首都河内最具代表性。

坐标 越南河内

始创 由20世纪初建立的越南革命博物馆与原越南历史博物馆合并而成

特色 馆内收藏的文物涵盖了越南三千多年以来的历史，记录着东山文化的静谧岁月。

镇馆之宝

吹乐负行铜人

Statue of two men, one of them plays the pipe sitting on the back of other

这座吹乐负行铜人只有8.5厘米高，但它造型生动、历史悠久，是东山铜雕中的杰作。这尊铜雕中的两位男子“奏乐起舞”，氛围活跃，与其他静止的雕像迥然不同。

吹乐负行铜人精巧地展现了两位男子之间的互动，背人者戴着斧头形状的围巾，腰间缠着的装饰品自然垂落至地上，外加背人者的双腿，雕像与地面就形成了三点支撑，这一设计使铜雕在保持美观的同时也趋于稳固。而另一位吹奏管乐的男子，则骑在同伴的背上卖力地“表演”。

铜雕中的两位男子都留着圆形辫子，佩戴着大型耳饰。雕像虽小，但在细节的把握上，铜匠可是一点也不马虎，不仅让两位男子的面部表情一目了然，他们的头发和手臂上的装饰也被刻画了出来。

真是小小的身体，大大的艺术！

玉缕铜鼓

The Ngoc Lu drum

博物馆中有一批古老的铜鼓，大约制作于公元前2500至公元前2000年，属于东山文化时期的文物。

在这批铜鼓中，最受人瞩目的就是玉缕铜鼓。铜鼓采用失蜡法铸造而成，高63厘米，重达86千克。

鼓面经过工匠的精雕细琢，生动展现了古代社会生活的重要场景，是研究越南古代生活和文化的宝贵资源。

鼓面中心装饰着一颗有着14道光芒的太阳，体现了太阳崇拜，每道光芒之间还装饰有孔雀羽毛的图案。以太阳为中心环绕的是16圈各有特色的装饰图案，它们描绘了正在跳舞的人、手持乐器或长矛的人、正在用杵子舂米的夫妇；生动地勾勒出了不同种类的鸟和鹿；展现了当时社会中重要的场景，如行刑、战斗等。

铜鼓作为乐器，不仅在古代部落活动的仪式中发挥着重要作用，如祈雨、庆丰收等，同时也是部落首领权威的象征。

玉缕铜鼓的发掘，不仅帮助我们了解到越南古代人民的日常生活，也让我们感受到他们对自然和宇宙的敬畏之情。玉缕铜鼓无疑是东山文化中最为闪耀的瑰宝。

越溪船墓

Viet khe boat tomb

越溪船墓是越南东山文化的重要考古发现，是迄今越南发现的保存最完整的东山文化文物。

这座船墓最引人注目的是它的船棺与陪葬品。船棺由单块木头雕刻而成，长度超过 4 米，外侧保留着原始木质纹理。棺内放有许多的陪葬品，其中包括各种青铜制品，如青铜勺、青铜杯、青铜斧、青铜刀、青铜鼓等等。

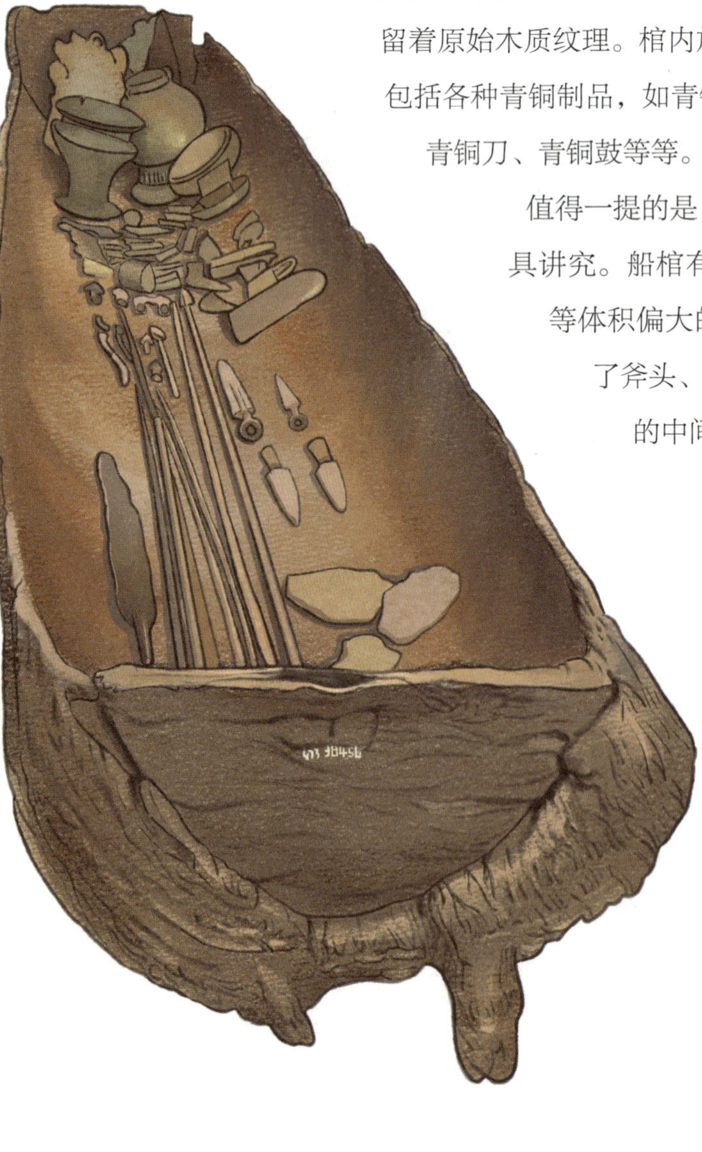

值得一提的是，这些陪葬品的摆放也颇具讲究。船棺有一端摆放的是鼓和花瓶等体积偏大的物品，而另一端则放置了斧头、刀片等工具和武器，船棺的中间则摆放了手铃、酒杯等。

越溪船墓的发现对于研究越南的葬礼习俗、越南与其他地区的交流以及传统手工艺产业都具有重要意义。

旅游推荐

文庙是越南历史最为悠久的高等学府。每逢春节，祭孔典礼、书画展览等传统文化活动还会在文庙举办。

如诗如画的还剑湖也不容错过，在观赏还剑湖美景的同时，还能顺路参观坐落在湖畔的玉山祠，这里承载着越南的脉脉文韵。

越南的灵魂美食当属越南河粉和越南春卷。一碗热腾腾的越南河粉包含了薄切的牛肉、细长的米粉、牛骨清汤，佐以新鲜的香菜、青葱和柠檬，带来清新而又不失风味的味觉体验。越南春卷则是用米皮包裹鲜虾、猪肉、米粉、香草和蔬菜制成的，搭配特制的酱汁食用，风味十足。

安塔利亚博物馆

The Antalya Museum

土耳其拥有“一半火焰一半大海”的浪漫景色，作为一个横跨欧亚两洲的国家，它的历史文化融合了东西方的特色，在安塔利亚博物馆中，这种具有特色的文化气息非常浓厚。

坐标 土耳其安塔利亚

始创 初址于 1922 年在阿拉丁清真寺建立，1937 年迁移至伊夫利米纳雷清真寺内，1972 年才迁至现址

特色 作为世界上十分重要的考古博物馆之一，陈列有奥斯曼帝国和塞尔柱时期的珍品，特别是众神塑像区。

大力神赫拉克勒斯

Heracles

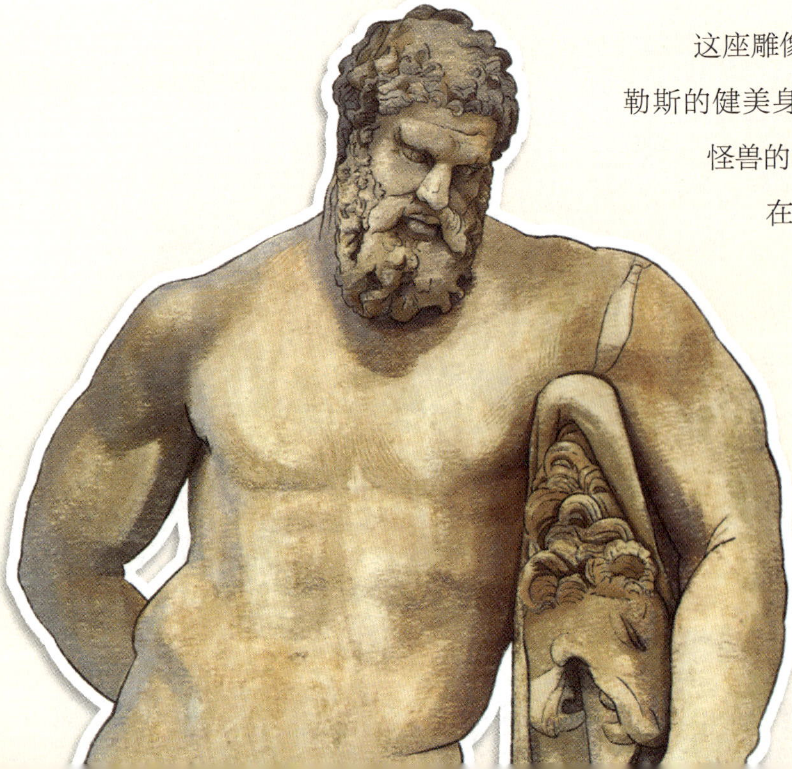

这座雕像为我们展现了大力神赫拉克勒斯的健美身姿。这时的他因为刚结束和怪兽的战斗，所以很疲惫，于是斜靠在一个石头上小憩，神态平静，石头上挂着他的战利品——怪兽的皮和头。雕像因此也被称为“疲倦的赫拉克勒斯”。

雕像曾历经了重重劫难，遭受过很大的破损，其腰腹处有很大的裂纹，像一条巨大的蜈蚣。20 世纪初期，拼接的上半部流失不见，1981 年被美国波士顿美术馆购买收藏。后来波士顿美术馆将它归还土耳其，与原本的下半部合为一体，雕像才得以完整。

灵动的舞者

Nimble dancer

这是一件没有准确名称的舞女雕像，但你看到它的第一眼，就会非常震撼！作为镇馆之宝，雕像站立在展厅最中间的位置，非常显眼，周围的雕像与它相比简直失去了色彩。

舞女的皮肤白皙，身穿灰黑色的衣裙，一头灰墨色的头发。这是因为，雕像是采用了白色和灰黑色两种大理石雕成。舞女的神态优雅高傲，体态柔美，手挽裙摆轻盈飘逸，衣物褶皱流畅而生动，让人的目光久久不能移开。

众神环绕在雕像周围，似乎在欣赏舞女的舞姿。不得不说，这种位置布局非常巧妙，将舞女不同凡响的美表现得淋漓尽致。

赫拉克勒斯石棺

The Sarcophagus of Heracles

赫拉克勒斯石棺长2.35米、宽1.12米，重约3吨，是罗马帝国时期的伟大艺术杰作。灯光下的石棺洁白、光滑，这是因为它采用了小亚细亚大理石为材料制作。

石棺上刻画的故事与赫拉克勒斯有关，讲述了他完成杀掉九头蛇、与狮子搏斗等12项艰难的任务后，获得资格上升为神。石棺虽经历了约2000年的风霜，但其雕刻的人物骨骼匀称、肌肉饱满、动作生动、神态鲜活，精湛的工艺令人叹为观止。

石棺回归土耳其的过程充满了曲折。20 世纪 60 年代石棺就漂泊在异国他乡，直到 2017 年才回到安塔利亚。

它的回归意义重大，不仅见证了土耳其人民为追索海外流失文物付出的不懈努力，也彰显了这个古老民族对于历史文明的不倦守护。

旅游推荐

白天，可以在卡雷奇古城散步，走访散落的历史古迹，城中随处可见成群结队的猫猫和咖啡厅，还有簇拥的花丛。黄昏时刻，体验一场热气球之旅，欣赏城市的日落，夜晚再去体验一次传统土耳其浴。

又或者清晨时分前往杜登瀑布，一观它的壮阔。赶在日落之前来到果冻海，光着脚漫步在海边，沉醉于地中海日落，享受这独属于地中海的风情。

原汁原味的羊肉串、烤羊排、羊汤泡馍是土耳其之旅必尝的美食。土耳其南临地中海，海鲜产品十分丰富，一次大快朵颐的海鲜大餐自然必不可少。饭后来上一份土耳其冰激凌，这趟旅游才算完美。

韩国国立中央博物馆

National Museum of Korea

首尔，一座在历史与未来之间舞动的都市，在这里，古老的宫殿与现代摩天大楼共存，共同演绎着传统与现代的和谐乐章。

坐标 韩国首尔

始创 前身为朝鲜总督府博物馆，1945 年正式成立

特色 博物馆展出有韩国的历史文化遗物，数件镇馆之宝与珍贵藏品于交相辉映之中向我们诉说着丰富的故事。

半跏思惟像

Pensive Bodhisattva

这尊佛像叫作半跏思惟像，又称半跏趺（jiā fū）坐像。佛陀的右足押在左股上，思考众生，表情平和，面容慈祥，体现了其内心的平静与安宁。

这尊佛像的制作十分复杂，经过熔炼、铸造、打磨等多个步骤后，佛像才得以在工匠们的手中塑成。每一条衣纹、每一缕发丝都被精心雕刻，让佛陀的形象须眉毕现。

这尊半跏思惟像代表着弥勒菩萨的形象，也是佛教信仰和文化的化身。不论从精细工艺还是深邃的精神表达来看，半跏思惟像都能让观者感受到一种超越时空的宁静与适然。

敬天寺十层石塔

Ten-story Stone Pagoda of Gyeongcheonsa Temple

敬天寺十层石塔建于高丽时期，高约 13.5 米，由花岗岩建造而成，是韩国现存非常古老的石塔之一，原坐落于汉城附近的敬天寺内，后移至博物馆内。

石塔的基座设计深受藏传佛教影响，与佛像台座的形态非常相似。塔身则是传统石塔的正方形形态，逐层收窄，直至顶部的宝盖。在基座上我们能看到刻有许多佛法的守护者，从底向上依次雕刻了狮子、龙、莲花、小说《西游记》中的一些场景以及众罗汉。在石塔的下半部分，16 幅佛会场景浮雕映入眼帘。10 层的设计，不仅让这座石塔尽显气势恢宏，给人以强烈的视觉冲击，还象征着佛教宇宙论中的多重宇宙。

可以说，敬天寺十层石塔完美地展现了高丽时期独特的建筑风格和非凡的建筑工艺。

新罗金冠

Golden Crown of Silla

金冠出土于庆州的皇家陵墓，外观华丽而精致。

金冠属于新罗时代的一位王妃，是一种最具代表性的树枝形金冠。它高耸而华丽，由形似树枝的“对生枝”和形似鹿角的“互生枝”相互交织而成。这些树枝上雕刻着精美的纹样，镶嵌着玉和璎珞，使得整个金冠闪烁着奢华的光彩。此外，金冠下方还悬吊着金链，点缀着珍贵的装饰品。

在古代，新罗统治者不仅是国家的领袖，还负责主持祭祀活动。这种树枝形头冠形似神树，不仅象征着统治者的崇高地位，还承载着祭祀的内涵。而随着佛教在新罗的兴起，这种传统的祭祀文化逐渐消失，树枝形头冠的象征意义弱化，头冠的制作也越来越简洁。

由此可见，这顶树枝形金冠在历史、文化方面的意义非凡。

旅游推荐

景福宫坐落在首尔市中心，是一座华丽的皇家宫殿。宫殿内部的建筑和花园展现了朝鲜王朝时期的建筑风格和园林美学。

首尔的夜生活尤为精彩，明洞的霓虹灯光和热闹的街头小吃，是这座城市不可或缺的一部分。东大门市场不仅是购物的天堂，也是感受首尔都市氛围的不二之选。此外，汉江公园也是观赏城市风光和放松身心的好去处。

传统的韩国泡菜搭配肉质鲜美、焦香四溢的韩式烤肉，再来上一份由软糯的年糕块与辣酱、鱼饼、蔬菜一起翻炒而成的炒年糕，真是韵味十足！

新德里国家博物馆

National Museum, New Delhi

四大文明古国之一的印度有着丰厚的历史文物，印度新德里国家博物馆收藏了大多数的精品，馆中的各个展馆就像画卷一样铺开，呈现出印度古老的历史文明。

坐标 印度新德里

始创 1949 年

特色 展示有丰富的印度历史文物，包括寺院雕刻、神像、佛像、民族服饰、武器、银器、绘画等。

犍陀罗佛像

Gandhara Buddha

这座犍陀罗佛像是馆中的明星宝藏，制作于公元 2 世纪，高 1.33 米，拥有真人大小的形态比例，人体线条优美。

佛祖头后是一顶光圈，额头上有一颗大红痣，这颗痣是佛祖的三十二相之一，名为“白毫相”，如日正中，象征着光明。

波浪状的“头发”如一颗颗佛珠，但这其实并不是头发，本质上是隆起的肉骨，一般被佛教统称为“肉髻”，也是佛祖的三十二相之一，是佛门尊贵的象征。

佛祖的左手携起衣服的袖边，流动的长袍松散地披在身上，沉重的褶皱随着手臂摆动，动态十足。

公元前 4 世纪，希腊文化开始渗透到犍陀罗地区，随后当地的工匠开始吸收希腊雕塑的写实风格和艺术手法，犍陀罗佛像就是希腊文明与印度文明碰撞融合的产物。

达萨瓦塔拉神社神龛

Dasavatara shrine

达萨瓦塔拉神社神龛（kān）是博物馆中的珍品。这座神龛由象牙雕刻而成，通体光滑白净，代表了当时高超的工艺技术。

神龛中站立着十个小人，他们是主神毗瑟奴的十个化身。这些化身形态各异，皆脚踩着圆形的莲花座，身姿英武。毗瑟奴是印度佛教中的三大主神之一，通常是身着王者衣冠，佩戴有宝石和粗大的花环。毗瑟奴有四只手，分别拿着神螺、神盘、神剑或者神弓、莲花，有时坐在莲花上，有时躺在千头蛇身上，有时又骑在一只大鹏鸟上。神龛上立有花纹繁细的屏风、欧洲风格的柱子，都体现了 18 世纪末期的南印度对欧洲艺术的吸收与融合发展。

舞王湿婆青铜像

Bronze statue of Nataraja

舞王湿婆青铜像是朱罗王国时期的青铜像，自收藏以来，一直被博物馆奉为至宝。

湿婆在印度人的宇宙观中无处不在。这件湿婆青铜像充满了神秘感，被精心雕刻出来的湿婆拥有“三眼四臂”，身姿曼妙，翩翩起舞，脚踩象征愚昧的恶魔阿帕萨马拉普。

为何湿婆不杀了这个恶魔，只是用脚踩着呢？这背后有着深刻的哲学意义。在印度佛教中，只有无知存在着，真理和智慧才显得有意义，宇宙中愚昧和真理、人和佛之间的动态平衡才可以维持下去。

湿婆身后围绕着一圈火，象征着宇宙。后左手捧着火焰，象征着毁灭；后右手持鼓，象征着创造；头发随舞蹈而飘散，如同流淌的恒河之水，象征着神水流入凡间，滋养大地。

青铜像的舞感韵律极强，生动地表达了宇宙动静更迭、生死交替、永恒变化的真理，既体现了佛教的神秘感，又展现了古印度的哲学观。

旅游推荐

新德里的莲花寺是最具特色的景点，外形酷似一朵盛开的莲花，围有九个清水池，真所谓“水中莲”。

除了新德里，阿格拉城内有印度最为著名的历史遗迹。世界七大建筑奇迹之一的泰姬陵、皇城阿格拉红堡、圣梯——月亮水井等，都很值得一看。

新德里有一家备受赞誉的卡里姆餐厅，是许多游客的打卡之地，在这里可以品尝到印度的许多美食，如印度香饭、酥脆球、飞饼、咖喱鸡等等。

以色列国家博物馆

The Israel Museum

在以色列人的心中，耶路撒冷是一座圣城，而以色列国家博物馆可以说是耶路撒冷最神圣的地方。

坐标 以色列耶路撒冷

始创 1965 年

特色 博物馆的主体建筑专门用来存放“死海古卷”，看上去如巨大的白陶罐圆顶。白陶罐圆顶对面立有一座黑色石墙，形成了黑白对比的效果。

镇馆之宝

死海古卷

The Dead Sea Scrolls

死海古卷是以色列的重要文物，是博物馆当之无愧的镇馆之宝。

20 世纪中叶，人们陆续从死海西北岸的昆兰地区附近的一些古洞中发现了这些古卷，并命名为“死海古卷”。

死海古卷有上万张残片，大部分由兽皮制成，也有由纸莎草制成的，还有铜制的。前二者不易保存，腐坏、氧化严重。死海古卷中包含有古老的圣经手稿，这些古卷每展示 3 至 6 个月后，就会被换下来进行保养。

耶路撒冷第二圣殿模型

The Model of old Jerusalem in the Second Temple Period

耶路撒冷圣殿是古代犹太民族最重要的祭祀场所，也是他们心中最神圣的地方。历史上的耶路撒冷曾先后出现两座圣殿，但都被毁坏了。

后来，人们为了纪念耶路撒冷圣殿，根据流传下来的各种文献资料对它进行复原。

第二圣殿的主址在圣殿山的中心，被庭院环绕，只有犹太人才能进去。“至圣所”是圣殿中最神圣的地方，位于圣殿中间，任何犹太人都不能进去，只有在每年的赎罪日，大祭司一人才可以进入“至圣所”。

第二圣殿模型不仅还原了第二圣殿的真容，还生动地展示了那个时代犹太民族的城市建筑与生活情形。

哈努卡灯

Hanukkah lamp

“光明节”是犹太民族的传统节日之一，持续八天。在节日期间，犹太人会摆设“哈努卡灯”（烛台），以示纪念。

博物馆收藏的这座银制的哈努卡灯，制作于 19 世纪，是博物馆中不可多得的精品。灯高六十余厘米，共有九支灯盏，如同装饰着球体和花朵的九根树枝一般。九支灯盏的排列次序不一，中间一支灯盏高出其他八盏少许，称为“头灯”。其余八盏都有一束开屏的孔雀尾，围绕着头灯上面的英雄。英雄一手持剑，一手提着敌人的头颅，一副凯旋的姿态。

小贴士

“圣书之龛”中的圣经文献禁止拍照。不仅是博物馆，耶路撒冷的很多地方都会有宗教禁忌，因此需要提前了解当地习俗文化，建议找一位靠谱的导游陪同，体验感更好。

除了博物馆，耶路撒冷还有三大神圣之地值得拜访：第二圣殿的遗址——“哭墙”，历史悠久的阿克萨清真寺，人类历史上特别神秘的地方之一——圣墓大教堂。每年，世界各地的犹太人都会前往这些地方膜拜，场面令人震撼。

在以色列，北非蛋、土耳其烤肉、哈瓦糕是最经典的菜肴。其中哈瓦糕是耶路撒冷传统手工甜品之王，被誉为以色列国家级甜点，深受游客的喜爱。

沙特阿拉伯国家博物馆

The National Museum of Saudi Arabia

沙特阿拉伯可以说是被石油环抱的国家。沙特阿拉伯国家博物馆如同一部史书，清晰而直观地记载了沙特阿拉伯悠久的发展历史。

坐标 沙特阿拉伯利雅得

始创 1999 年

特色 博物馆外观设计灵感来自利雅得市区周围沙丘的颜色和形状。馆内收藏了许多关于沙特阿拉伯的石油、地质、历史的文献资料以及物品。

镇馆之宝

《古兰经》

The koran

《古兰经》是伊斯兰精神世界的无价之宝。

馆藏的《古兰经》来源于遥远的阿拔斯王朝时期。由于阿拔斯王朝旗帜是黑色的，所以在我们中国的史书中，都称呼其为“黑衣大食”。此《古兰经》共有六页，都使用羊皮纸制成，经文的部分用金粉书写，以示尊贵，再用深棕色的墨水勾边，以防褪色。古阿拉伯字母部分会标注经文的发音，以红色、蓝色笔迹勾出。

阿拔斯王朝时期，人们之所以会手抄经文，是与他们的信仰有关。信仰伊斯兰教的人被称为“穆斯林”，他们非常注重书法，认为书法是最纯粹的艺术、最虔诚的语言表达形式。

《古兰经》中的文字就像跳跃在曲谱中的音符，有着无限创造力与深意，其书法风格反映了阿拔斯王朝时期的文化和艺术成就。

人形石雕

Stone monument

这件造型独特的人形石雕创造于公元前4000年，出土于哈伊勒地区，是阿拉伯半岛迄今发现的最古老、最著名的古代人类遗物代表之一。它一现世就以独特的造型吸引了无数人的目光。

人形石雕身上的线条很抽象，只是寥寥几笔，就形象地勾画出人物的着装、面部特征。站在幽静的展厅中，仔细地端详它的神情，再和它的双眼对视一番，似乎就能够跨越6000年的时空与它对话。

考古学家们推测，它在古代阿拉伯世界可能是用于宗教祭祀和丧葬习俗活动。

这件青铜狮子头像是博物馆最具人气的宝藏。

它制作于约公元 2 世纪，出土于卡耶特法奥遗址的纳季兰。

在古埃及文化、古希腊文化中，狮子常常被视为权力和财富的象征，在许多地区的葬俗中，人们将狮子当作墓葬守护者。青铜狮子头像中的狮子张开大嘴，微皱眉头，呈迎风呼啸状。但是近看，又会觉得它又“萌”又“囧”。狮子头像整体呈现异域风格，但其镶嵌式的眼睛、飘逸的鬃毛和胡须又不失本土特色。

这种异域习俗和文化出现在纳季兰，说明当时阿拉伯南部已经深受埃及、希腊等文化的影响，当地人创新性地结合了本民族与异域文化，形成了独特的文化艺术。

青铜狮子头像

Bronze lion head

旅游推荐

利雅得是一座很适合“City Walk（城市漫步）”的城市，这里有丰富的堡垒、宫殿、清真寺等历史遗迹，可以欣赏古老斑驳的城墙，体验一千零一夜的中东风情。

利雅得也是一座国际化大都市，摩天大厦鳞次栉比，无论白天还是夜晚，都是一片辉煌闪亮的景象。在高达三百多米的王国中心大厦的高层，可以俯瞰整个城市的美景。

利雅得还有许多充满活力的市集，是游客们的淘宝圣地，珠宝、咖啡壶、香炉、地毯、木雕、沙漠玫瑰石等沙特阿拉伯特色纪念品，建议入手，很有纪念意义。

不止沙特阿拉伯的国菜——卡布萨值得一尝，利雅得还有许多其他美食。因为拥有丰富的天然牧场，这里生产优质的小麦、枣子和乳制品，以这些为主料的甜品非常可口。

哈萨克斯坦共和国国家博物馆

National Museum of the Republic of Kazakhstan

在这片融合了欧亚文化的土地上，古老的草原与现代都市共存，呈现出一幅独特风景，一首属于草原之国的历史诗歌述说着无边的大地上瑰丽多彩的篇章。

坐标　哈萨克斯坦阿斯塔纳

始创　2014 年

特色　中亚最大的博物馆，主馆由大量白色大理石和蓝色玻璃建筑而成，与蓝天白云相互呼应。

镇馆之宝

故阙特勤之碑

The inscription in memory of kul Tigin

故阙特勤之碑，是一块独特的大理石碑，记载着唐代中国与突厥之间友好交往的故事。哈萨克斯坦共和国国家博物馆所藏的故阙特勤之碑为用于文化展出的复制品，真品现藏于蒙古国。

别看石碑浑身黑黢黢的，但碑身上实则“别有洞天”。碑身装饰着拱形的斗龙图案，传递出一种浓厚的古代韵味，龙身缠绕在石碑之上，似在守护这段珍贵的历史记忆。碑文用汉文和古代突厥文两种文字刻写，其中汉文部分，记录着唐玄宗对已故突厥可汗阙特勤的悼念之情，据说这段文字是由唐玄宗亲笔所写。碑身的侧面有一些由突厥人刻下的附文，这些附文详细描述了阙特勤的丰功伟绩，以及他在战场上的英勇事迹。

故阙特勤之碑是唐代与突厥政治、文化交流的见证。在碑文结尾部分，唐玄宗以诗为颂："沙塞之国，丁零之乡，雄武郁起，于尔先王，尔君克长，载赫殊方，尔道克顺，谋亲我唐，孰谓若人，网保延长，高碑山立，垂裕无疆。"

不仅如此，石碑也彰显了哈萨克斯坦在古代丝绸之路上的重要地位和历史角色。透过这块石碑，我们仿佛能够看到那时驼铃声声、商旅来往的繁盛景象。

托博尔斯克思想者

Tobolsk thinker

在哈萨克斯坦共和国国家博物馆的珍贵收藏中，有一件独特的文物吸引着无数好奇的眼光——它就是托博尔斯克思想者，一件来自远古时代的艺术瑰宝。

这座石人像，雕刻于公元前 3000 年至前 2000 年，是人类早期文明的见证。

人像仅高 202 毫米、重达 4 千克，由砂岩精心凿刻而成。经过数千年的风霜，它仍然保持流畅的线条与清晰的五官。它的头微微抬起，手撑在膝盖上保持着蹲姿，仿佛沉浸在深深的思考之中。突出的鼻子，微抿的嘴唇，深邃的眼睛，以及轮廓分明的下巴，在一块小小的岩石上表现得惟妙惟肖。

尽管时间的侵蚀让这座雕像的右腿底部略显残缺，但这并没有减少它作为古代艺术品的价值。

黄金武士

Golden man

在众多珍贵的展品中，“黄金武士”无疑是馆内十分耀眼的存在。

这件出土于伊塞克古墓的套装，属于一名塞人族群的王子，他的年龄大约在 18 岁。“黄金武士”身着红色上衣，头戴高帽，还外穿了一套具有“斯基泰－西伯利亚”动物风格的衣物。

整套服饰包括一顶黄金头饰、胸甲、手臂装饰和腿部装饰，都是纯金制作而成，工艺精湛。4000 多块金片经过铸压、锤锻、压花、凿刻等一系列复杂的工序，再融入工匠别具一格的裁剪、拼接，这件武士套装最终得以成形。

通过这件武士套装，我们能够穿越时光一览当时王子的风采。在那个追求力量与权力的时代，身为王子的他身着这件武士套装时，或许正在与族人竞赛捕猎，或许正在参加某种具有象征意义的仪式。即使到了今天，我们仍能想象他那英勇、威武、高贵、自信的身姿。

黄金武士精美的工艺和细节令人赞叹不已，是公认的哈萨克斯坦古代文明之瑰宝。

旅游推荐

在博物馆附近，阿斯塔纳主清真寺因其独特的现代建筑风格尤为醒目，蓝色的圆顶与白色的墙体搭配在一起极具美感。

走到不远处的“生命之树”——巴伊杰列克观景塔，可以登上塔顶俯瞰全城，领略阿斯塔纳的现代化与繁荣。

当然，世界上最大的“帐篷”——“可汗之帐”，同样值得一游。建筑外观形似哈萨克人游牧时所住的毡房，透明的“帐篷”还会随光线变换颜色。得益于室内恒温设计，即使室外天寒地冻，人们也能在“可汗之帐”内体验热带气候，游览热带花园。

来到哈萨克斯坦，怎么能错过哈萨克斯坦的传统美食呢？点一份新鲜出炉的别什巴尔马克，接着来一块炖好的马肉或是用马肉制成的传统香肠卡孜，再品一品丝滑醇厚的哈萨克斯坦奶茶，不一会儿就让人仿佛化身一名牧民，在广阔的草原上纵马驰骋。

No.3

AMERICAS

美洲

波士顿美术博物馆

Museum of Fine Arts, Boston

世界顶尖学府哈佛大学坐落在波士顿，它和麻省理工学院曾经共同筹建了一座博物馆，用来展出学校所收藏的艺术品，这座博物馆就是著名的波士顿美术博物馆。

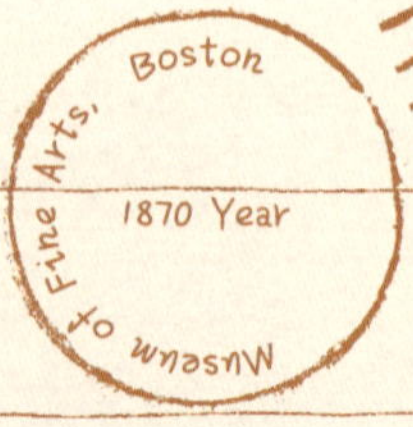

坐标　美国波士顿

始创　1870 年

特色　博物馆以收藏东方艺术品闻名于世，是探寻流失海外的中国文物时不可或缺的一站。

《捣练图》（宋摹本）

The Court Ladies Preparing Newly Woven Silk

《捣练图》是波士顿美术博物馆的镇馆之宝，是令国人魂牵梦萦的文物。

《捣练图》长 4.66 米，宽约 0.38 米，是唐代著名画家张萱所作，但是其亲笔原作已经失踪不见，博物馆中的这一卷是宋徽宗时期摹制下来的。

整体的绘画勾线劲健有力，图色富丽而匀净。

画中描绘了唐代城市妇女捣练、络线、熨平、缝制劳动的情景。从事不同劳作的妇女情态与动作都不同。比如捣练时的挽袖、扯绢时微微后退的脚步等等，皆神态逼真、动作生动。

《捣练图》不仅刻画了盛唐时期仕女的丰腴体态、穿着风格，还展示了当时制作衣服的工艺技术，能帮助我们更加深入地了解盛唐的社会文化。

《历代帝王图》

The thirteen emperors

《历代帝王图》成画于公元 7 世纪。它不仅是博物馆的镇馆之宝，更是中国古代绘画史上的不朽杰作，由隋唐时期著名画家阎立本所作。

画卷以绢为底本，宽约 0.51 米，长约 5.3 米。

画中主要描绘的是中国古代的十三位帝王的形象，分别为西汉昭帝刘弗陵、东汉光武帝刘秀、魏文帝曹丕、吴主孙权、蜀主刘备、晋武帝司马炎、陈文帝陈蒨、陈废帝陈伯宗、陈宣帝陈顼、陈后主陈叔宝、北周武帝宇文邕、隋文帝杨坚、隋炀帝杨广。

每个帝王的面部表情、服饰、气质性格不尽相同。作者在创作时根据每个帝王的历史形象，并融入自己的褒贬态度加以表现，如晋武帝身形魁梧、神色威严、气宇轩昂，正符合了历史所记载的气魄非凡、雄心十足、致力于统一天下的晋武帝形象。

水月观音

Guanyin, Bodhisattva of Compassion

另外一件镇馆之宝便是宋元时期的水月观音。

原来水月观音浑身涂有多层白色漆料，1920年它被收入博物馆后，修复人员才发现白漆只是它的“伪装”。将外面的白漆层层剥下后，观音五彩斑斓的真容才显现出来。

博物馆收藏的这座观音很独特，全身用桐木所刻，皮肤呈鎏金色，披着深绿色的披肩，裙摆为赤红色。观音端坐在石台上，手臂优雅地搭在膝盖上，线条柔美，面目亲和，一副智者之容，静观水中月，如梦似幻。

《凯风快晴》

Fine Wind, Clear Weather

葛饰北斋是最具影响力的浮世绘画家，他潜心学习中国画六十年，深受中国画影响。他创作了著名的“富士山三十六景系列”，《凯风快晴》《神奈川冲浪里》《山下白雨》并称“三绝”。

其中，《凯风快晴》被收藏在波士顿美术博物馆中，是馆中的明星宝藏。据说在暮夏初秋之时，当南风吹拂、天空明朗、白云飘浮，阳光洒在富士山的斜坡上，斜坡就会慢慢呈现出令人沉醉的赤红色，因此《凯风快晴》也被称为“红富士山”。

《凯风快晴》是浮世绘中具有代表性的作品，经常出现在教科书上，令人对富士山的美景心生向往。

旅游推荐

自由之路是波士顿最著名的景点之一，也是美国独立战争的历史遗迹。沿路分布着波士顿公园、波士顿茶叶党船博物馆、美国宪法博物馆等众多历史名胜，沿着自由之路漫步，能沉浸式体会美国的历史气息。

还可以前往哈佛大学，与世界顶尖学府来一场邂逅，感受这里神圣的学术氛围。

波士顿位于美国大西洋沿岸，海产食物非常丰富。不容错过的经典美食有：鲜美浓郁的波士顿蛤蜊浓汤、口感绝佳的波士顿龙虾卷、香甜软糯的波士顿烤豆。

大都会艺术博物馆

Metropolitan Museum of Art

大都会艺术博物馆同纽约市一般五彩斑斓，它的文化气息远比想象的还要浓郁，是中国游客纽约之行的必访之地。

坐标	美国纽约
始创	1970 年
特色	世界四大博物馆之一。馆藏品涵盖埃及、希腊罗马等艺术流派的各类珍贵文物和艺术品。

镇馆之宝

《戴草帽的自画像》

Self-Portrait with a Straw Hat

博物馆藏有许多莫奈和梵高的作品。其中，梵高《戴草帽的自画像》稳居博物馆镇馆之宝的宝座。

画作此时已经具有后印象派的风格了，色彩更加明亮，视觉冲击力更强。

画中的梵高穿着蓝色的衬衫，戴着宽边草帽。梵高这样的装束是有用意的，他本身属于工人阶级，所以身穿蓝色的衬衫，但是他又将自己刻画得具有农民特征，头戴金色草帽，画面背景采用麦田的黄色，这些都表达了他对农村美好生活的向往。

《向日葵》

Bouquet of Sunflowers

同时代能与梵高齐名的便是莫奈了。他一生创作了无数的名画，其中最知名的便是《向日葵》。

1882 年，莫奈在印象派的展览上向众人展示了这幅《向日葵》。评论家们称赞他的技术和风格“华丽、大胆”。

相互簇拥、层层叠加的一朵朵向日葵花瓣上面的纹理清晰可见。茂绿的叶片，舒卷自如。红色桌布和白色花瓶形成了鲜明的对比。

莫奈的向日葵以暖色为主调，画中的向日葵在自然光下有一种朦胧的美感，令人的内心感到柔和、平静，又能让人感受到花朵争相开放的生命力，带给我们无限的想象空间。

1888年，梵高也创作了一幅同名的《向日葵》画作，现藏在英国伦敦国家画廊中。时至今日，两者的向日葵画作常常被拿来比较。其实不难看出，莫奈的向日葵主要体现柔和、朦胧的自然之美。梵高的向日葵色彩明度更高，更有视觉冲击力，展现出他非常强烈的内心情感。

三彩罗汉像

Liao tri-colored arhat

1913年，在中国河北省出土了一批三彩罗汉像，它们神态各异，活灵活现，是东方艺术品中的珍宝。这批三彩罗汉像一共有十六尊，现在仅存十一尊，可谓吉光片羽。

大都会艺术博物馆收藏有其中的两尊，其余的散落在世界各地其他的博物馆和文物收藏机构中。

在佛教文化中，罗汉是精神境界达到了最高级别的存在，被视为佛教的保护者。这两尊三彩罗汉端坐在此，结禅定印，目望世间，似乎是在怜悯身处乱世的百姓，又似乎是在深思世界万物的生生不息。辽代工匠们注重人物整体的形象，因此采用恰当的人体比例和结构进行雕刻。细节也刻画得很到位，比如罗汉的面部表情、五官细节、服饰上的褶皱等，都非常细腻生动。

这两尊三彩罗汉像被视为陶瓷雕塑的杰作，也是中国写实主义最高成就的代表。

丹铎神庙

The Temple of Dendur

丹铎神庙是博物馆内体积最大的镇馆之宝，它是埃及政府送给美国的礼物。

神庙约建于公元前 15 年，当时被用来供奉古埃及司掌生命、魔法、生育等事的女神——伊希斯。

神庙门廊上的两根柱子直冲云霄。基座上雕刻着纸莎草和莲花。神庙里面的浮雕描述了这样的画面：两个人间的孩子对伊希斯和冥王奥西里斯夫妻进行膜拜，体现了古代埃及人民对生命来源的理解。神庙中还立有伊希斯的雕塑，但是上半身已经丢失。

博物馆专门为神庙设计了展示的布局：展厅上方，一侧全是透明的玻璃墙。这样一来，朝阳光辉和月华星辉便可以洒落在神庙上，如与天地一体，与神共存。

从远处的正前方看去，神庙的前方还立有两座阿蒙霍特普三世的法老雕塑。神庙与法老相互呼应，堪称大都会艺术博物馆的亮点之一。

博物馆内有很多精美的餐厅，供游客自由选择。曲奇饼是纽约的特色点心，可作为回国的伴手礼。

夜晚前往百老汇看一场音乐剧，欣赏世界顶级的表演。

“世界十字路口”——时代广场、世界上第一座钢缆悬索桥——布鲁克林大桥、多部知名影视剧的取景地——帝国大厦、亲子游天地——中央公园等，都是值得一去的景点。

十分推荐乘坐轮渡前往自由岛，一览自由女神像的真容。

“Welcome to New York.It's been waiting for you！（欢迎来到纽约，它一直在这里等着你！）”

正如 *Welcome to New York*（《欢迎来到纽约》）的歌词一样，纽约用热情欢快的歌声呼唤你，在彼岸等待着你的到来。

皇家安大略博物馆

Royal Ontario Museum

加拿大享有“枫叶之国”的美称，这里生活着来自不同国家、不同民族的人，文化自由而多元。皇家安大略博物馆和它的国家一样，多元又繁华、包容又丰富。

坐标　加拿大多伦多

始创　1912 年

特色　加拿大的地标之一。馆藏丰富的中国传统文物，堪称海外中国收藏品的重镇。

1912 Year
Royal Ontario Museum

镇馆之宝

《弥勒佛说法图》

The Paradise of Maitreya

《弥勒佛说法图》是一幅非常宏伟的壁画，长约 11 米，高约 5 米。壁画整体气氛热烈、场面恢宏、线条流畅、色彩华丽，其独特的魅力吸引着每一位游客驻足而望，是博物馆中最耀眼的珍宝。

壁画中共有二十余个人物，姿势各异，栩栩如生，动感十足。壁画可以分中间和左右两个部分来释读。

壁画中间为七尊神和两只神鸟。七尊神为一佛四菩萨二弟子。处于中心的是主尊弥勒佛祖，他坐在宝座之上，身后有光圈，其上有两只神鸟。佛祖两侧为一对供养菩萨和一对胁侍菩萨。立于佛祖身后左右两侧的是他的弟子。

壁画的左侧部分有七位人物，右侧部分有九位人物。这两侧的主角是正在接受剃度的法王蠰佉（ráng qū）夫妇。他们因为听弥勒佛说法，有所开悟，决心剃度出家。他们的儿子万分不舍，抓着父亲的衣袖，抹泪痛哭。

壁画由元代的画家朱好古和张伯渊一同制作，距今有700多年的历史，两人是师徒关系，画技非常高超。

《朝元图》

Homage to the Highest Power

《朝元图》由东西面的两壁组成，两幅画各长约10.4米，高约3米。抗日战争时期，它被日本商人盗运出国并转售给加拿大，现在是博物馆当之无愧的镇馆之宝。

两幅壁画都描绘了道教的神仙朝拜元始天尊的场景，因此被称为“朝元图”。元始天尊是道教中地位最高的神仙，相当于佛教中的释迦牟尼。众神分列神坛东西两侧，身后仙雾缭绕，场景华丽，色彩瑰丽。

西壁中有31位神祇，东壁中有28位神祇，有文有武，有男有女，有主有从，每位神仙都神态雍容，服饰华丽。在这当中，既有宋代道教的神仙，又有元代的神仙，实际上融合形成了一个新的主神体系。

图腾柱

Totem Poles

博物馆的大厅中耸立着四根图腾柱，高度在 20 米到 30 米之间。

图腾柱由红柏树雕刻而成。由于当地原住民部族当时尚未发展出书面文字，他们便在木柱上刻上各自家族的图腾，用于记录家族的起源、兴衰、特权、成就与重要事件。

图腾柱上的图案很多，除了人以外，还有牛、鹰、青蛙、象、河狸、熊、雷鸟等，各种元素堆叠在柱子上，越靠近上方就代表越重要。不同家族的图腾柱有所差异，上面的符号和图案也只有家族人员才可以释读出来。

图腾柱有很多实用性的功能，比如用作房屋的支柱、英雄的纪念碑、划分领土区域的标识……

多伦多是一个非常适合旅游度假的城市，它色彩缤纷，令人向往。在加拿大国家电视塔上你可以从高空俯瞰城市的美景。在伊顿中心有上百家流行商店与餐厅，几乎能够满足你的所有需求。

夏季的时候，距离多伦多不远的奇幻乐园是小孩子的天堂，里面有许多不同种类的过山车，还有许多不同的主题演出。每年的 9 月中旬到 10 月，加拿大的千岛湖、枫叶大道、尼亚加拉观景道等都是绝佳的赏枫地。

加拿大美食众多，除了肉汁奶酪薯条，美味的蒙特利尔熏肉和清甜的枫糖浆更是回国必带的经典伴手礼。

国立人类学博物馆

The National Museum of Anthropology

墨西哥是个充满活力的国家，它以丰富多彩的文化、壮丽的自然景观和独特的美食闻名，是一片兼具热情与艺术气息的土地。

坐标 墨西哥首都墨西哥城

始创 前身于18世纪末—19世纪后期形成，后不断扩建，于1964年正式落成

特色 该博物馆是人类学专门性博物馆，馆内陈列的展品集中展示了拉丁美洲三大文明的精华。

镇馆之宝

阿兹特克太阳历石

Aztec calendar stone

阿兹特克太阳历石重24吨，是阿兹特克人奉献给太阳神的一块纪念碑。

阿兹特克帝国的发展历史可以追溯到14世纪，这个国家在墨西哥中部建立，传承了阿兹特克文明。阿兹特克文明是美洲三大古文明之一，在科技、数学和天文学计算、宗教等方面成就颇高。

他们相信，自神明创世，人们曾经历过四个太阳，这四个太阳相继被风、土、水、火所毁灭，最后，只剩下石盘中央所刻画的第五个太阳。阿兹特克人认为，吐舌为

吉祥之兆，以心血祭祀太阳神，太阳才会永不陨落，所以石碑上的人物也是吐舌的模样。

这块太阳历石最初被当作日历使用，包含了两部历法。

第一部是太阳历，用于指导农耕。太阳历每年有 18 个月，每月 20 天，再加上年末休息的 5 天，正好是 365 天，其精确程度比起格列高利历，有过之而无不及。

第二部神历则规定每年有 13 个月，每月 20 天，一年共有 260 天。

两部历法合在一起计算，每 52 年重合一次。用这种方式纪年，可以精确地推算到远古，令人叹为观止。

翡翠面具

Jade mask

1952 年，考古学家在帕伦克神庙下发现了巴加尔国王的陵墓以及巴加尔国王本人的遗骸。遗骸上堆满各种珍贵的玉器，还有无数的护符和手镯，脸上戴着一副由 200 块玉片镶嵌而成的翡翠面具。据考证，翡翠面具的历史可以追溯到 1100 年前，它的模样和功能，与中国汉代的金缕玉衣有异曲同工之妙。

有趣的是，据说在这副面具和附着在面具上的项链上，存有人类毁灭周期的密码，因此翡翠面具也受到了来自全世界科学家的重视。

提佐克之石

Stone of Tizoc

这块圆形的玄武岩雕刻石，直径近 2.7 米，高约 1 米，见证着古代阿兹特克帝国的辉煌过往。

提佐克之石的边缘装饰着精致的浮雕，这些浮雕讲述了十几名阿兹特克战士不惧死亡与敌人斗争的故事。浮雕画面围绕石头逆时针方向铺陈来开，每一位战士皆面朝右侧，他们抓住俘虏的头发，尽显威风。石头顶部的太阳图案和周围的星星、尖刀图案，更是巧妙地将天空、地球和太阳联系起来，象征着阿兹特克人对宇宙的理解。

这块巨大的石头有什么用呢?

据推测，提佐克之石可能曾是祭祀仪式中的关键道具，它不仅能用来放置祭品，甚至还能被用作人们战斗竞技的平台。

旅游推荐

来到墨西哥，一定要去参观太阳金字塔，这座古老建筑藏着众多谜团，有些直至今天也没有解开。

瓜达卢佩圣母堂是墨西哥最大的宗教圣地，被罗马教皇认定为天主教三大奇迹教堂之一。

墨西哥人深爱玉米，在部落时期还有专门的“玉米神”。因此，墨西哥特色餐饮中经常会用到玉米。墨西哥炸玉米饼是墨西哥最著名的美食之一，也是街边随处可见的小吃。来到餐厅，点上一盘墨西哥炖菜，搭配烤墨西哥香肠，堪称当地餐桌上的经典组合。

BANK
SHOPPING ARCADE

No.4

OCEANIA

大洋洲

新西兰蒂帕帕国立博物馆

Museum of New Zealand Te Papa Tongarewa

惠灵顿坐落在壮丽的海岸线旁，以其创意艺术、电影制作和咖啡文化而闻名。

坐标　新西兰惠灵顿

始创　1965 年

特色　该博物馆是南半球面积最大的博物馆，收藏了 250 多万件展品，在毛利语中蒂帕帕寓意为“藏宝盒”。

普纳姆饰品

Pounamu ornament

普纳姆是一种色泽美丽的石头，又被称作新西兰玉石或绿石。毛利人的祖先十分珍视这种石头，他们相信这些玉石中蕴含着大自然的灵气，是大地对人类的馈赠。这种玉石不仅好看，还很坚硬耐用，是艺术家和匠人眼中的珍贵材料。

普纳姆主要出现在新西兰南岛西海岸的河床和山石之间，它们有的晶莹剔透如晨露，有的深邃碧绿似潭水，有的还带有云雾般的纹理。毛利人工匠们世代传承着精湛的雕刻技艺，多样的普纳姆玉石也承载着不同的意义：托基（Toki）是一种斧形饰品，它象征着决心、力量、专注与希望；蕨叶模样的科鲁（Koru），代表着新生、成长、纯洁与平和；

人形玉佩提基（Tiki）则最为珍贵，它象征着力量与永恒，常在家族中世代相传。

博物馆会开展一些活动，为我们展示工匠们将普通石头变成精美艺术品的全过程，让前来观赏的人们都能切身感受普纳姆的魅力。

毛利风格斗篷

Kahu huruhuru

这件毛利风格的斗篷由羽毛装饰而成，工艺精湛。它不仅是一件服饰，更是艺术与信仰的完美融合。

制作一件羽毛斗篷是一项需耗时数月的精密工艺。织工们首先使用一种亚麻纤维编织斗篷的底布，随后在底布上巧妙地插入数百根精选的羽毛。在羽毛的选择与排列上，织工们尽显匠心，创造出了五彩缤纷、纹理各异的图案。

在毛利人的信仰中，鸟是森林之神的子嗣，被视作人类与神灵之间的使者。每种鸟的独特生命力和特性，都赋予了斗篷独一无二的魅力和个性。比如，红色羽毛斗篷就象征领导力和神性，在毛利传说中具有特殊地位。

如今，这一传统仍在延续，现代织工们使用因意外而死亡或是商业养殖鸟类的羽毛来制作斗篷。这不仅是对传统文化的传承，也是对自然和生命的尊重。

毛利会堂

Marae

毛利会堂不仅仅是一个博物馆的展品，更是一个具有各种功能且充满生命力的空间。在这里，人们可以举行欢迎仪式、悼念活动或是商讨事务。毛利会堂承载着浓厚的毛利文化与毛利人精神。

毛利会堂的设计融合了多种文化元素，包括欧洲、亚洲和波利尼西亚的设计风格，体现了当代新西兰多元文化的特色。毛利人将会堂的地板看作是大地之母，天花板则象征着天空之父，而两者之间的空间则是迫使父母分离的儿子，为世人开辟了生活的空间。会堂的墙壁上雕刻有毛利人的神话故事，比如毛伊减缓太阳速度的故事，或是森林之神塔内·马胡塔创造第一位女性希纳胡恩的故事。这些故事在带我们领略毛利文化的同时，也让我们深刻感受到他们与自然和宇宙之间的深厚联系。

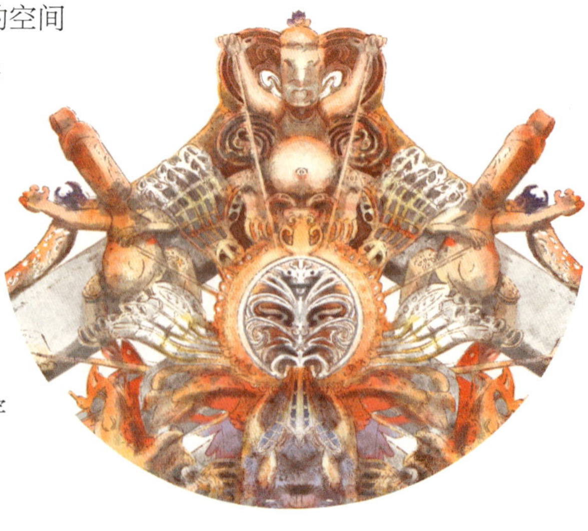

旅游推荐

登上维多利亚山，可以360度欣赏惠灵顿城市美景，这里有着绝美的海港，它还是第一部《指环王》电影的取景地。

兰姆顿码头是惠灵顿主要的商业街，拥有众多的高级商店，旁边就是著名的休闲步行街——古巴街，这里是街头艺术家的胜地，值得一逛。

可以寻一家餐厅，品尝当地的传统美食——惠灵顿牛排。另外，这是一个海产品丰富的国家，海鲜大餐必不可少，海鲜烩面、海鲜汤等等，鲜美可口，令人回味无穷。

澳大利亚国家博物馆

National Museum of Australia

澳大利亚曾“与世隔绝”，在18世纪末期才正式和世界接轨，它的发展历史也因此显得很特殊。想要直观地了解这个国家的发展历史，一定要来澳大利亚国家博物馆参观。

坐标 澳大利亚堪培拉

始创 成立于1980年，2001年正式对外开放

特色 博物馆设置了名为“K-space”的探索游戏，孩子们可以借助时间旅行机器人探索澳大利亚的历史。

镇馆之宝

镶银鸸鹋蛋

Mounted silver emu egg

19世纪，镶银鸸鹋（ér miáo）蛋艺术品在澳大利亚开始兴起。这件鸸鹋蛋艺术品是博物馆中独一无二的艺术珍宝。

它究竟特殊在哪儿呢？

第一，它由澳大利亚著名的珠宝商、制表师、银匠——威廉·科尔于1885年制作。他因为专门设计有着丰富多彩的澳大利亚元素的运动奖杯而闻名。

第二，这件鸸鹋蛋艺术品拥有很高的艺术价值。鸸鹋是澳大利亚的国宝，是世界上最古老的鸟种之一。鸸鹋蛋壳在自然界中是独一无二的，有三层颜色：墨绿色、天蓝色和白色，色泽美观。早在 18 世纪的时候，欧洲贵族就以拥有一枚鸸鹋蛋为荣，并把它和黄金珠宝镶嵌在一起，制成珍贵的艺术品。这件鸸鹋蛋艺术品，主体部分是鸸鹋蛋，蛋体上面立着小型的国宝袋鼠，而前面部分是鸸鹋，后面是两个人脚踩自行车的轮子。

第三，这件艺术品作为自行车比赛的获奖奖杯，承载着澳大利亚人拼搏向上的运动精神。

《约翰·艾伦中餐厅》
John Alloo's Chinese Restaurant

这是一幅水彩画，作者是著名画家塞缪尔·托马斯·吉尔，画作背景是维多利亚州的金矿时代。

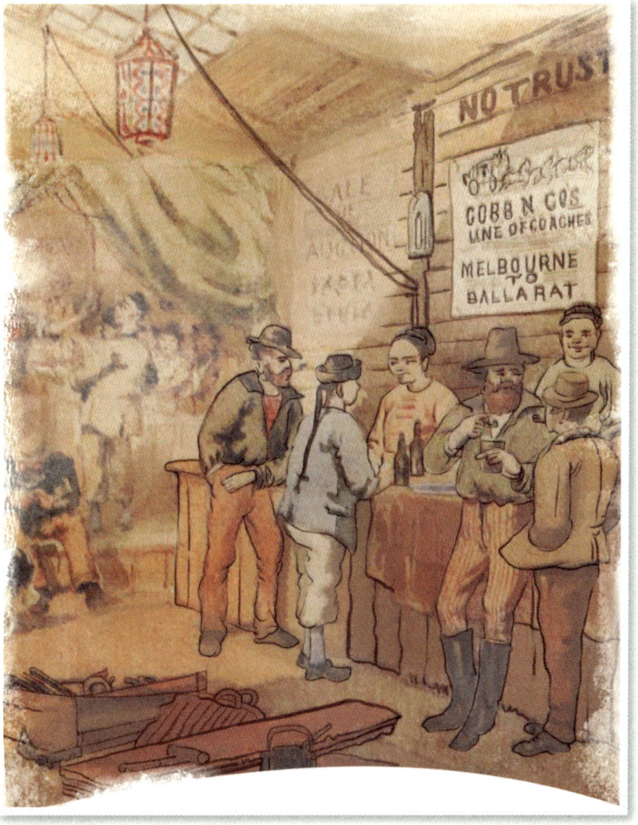

图中的淘金者们，辛勤劳动后来到中式餐馆吃饭休息，喧闹而嘈杂。有的正在餐桌前大快朵颐，有的正在和老板娘聊天，有的正在和店员理论，有的坐在桌子上看着地上的狗。地上放着的都是他们挖金矿的工具。

没有哪位艺术家能够像塞缪尔·托马斯·吉尔一样神奇，他敏锐地捕捉到维多利亚州金矿时代的特色，用这样一幅水彩画，揭示了那个时代维多利亚州的发展面貌。

放大镜银盒

Silver-capstan style case housing a small magnifying glass

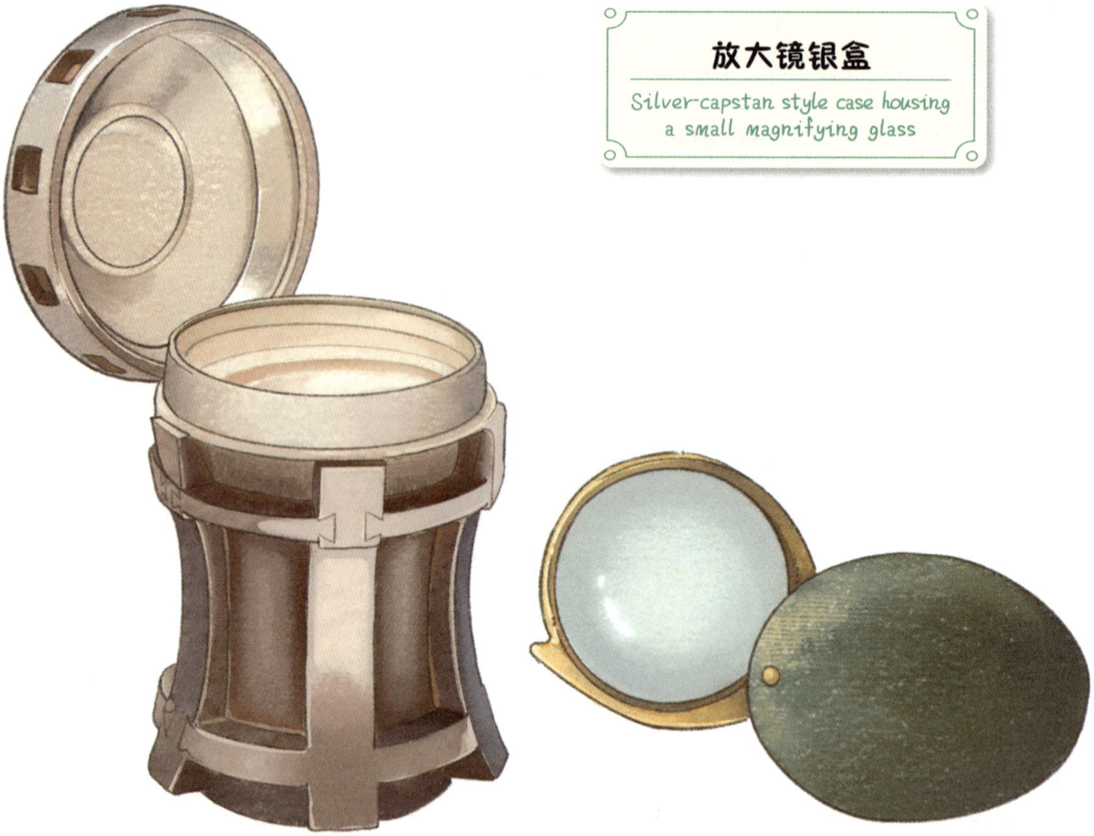

乍一眼看过去，是不是会以为上图的物品是一个小型的电饭煲呢？但其实它只是一个放大镜盒，它的历史可追溯到 1844 年。

它与太平洋航行故事有关，在当时，航海家利用放大镜制作高精度的地图，这对于安全航行至关重要。

小型放大镜安装在龟甲形的支架上，并装在银色绞盘式盒子中。盒子高近七厘米，盖子的部分刻有一段英文铭文。铭文记录了它的经历——这个放大镜原本属于著名航海家詹姆斯·库克船长，后来传到了威廉·贝利先生手中。威廉是著名的天文学家，他参加了库克的第二次和第三次太平洋航行，同库克是同甘共苦的朋友。威廉后来将它送给了自己的学生——马克·博福伊先生。从此这个放大镜就在博福伊家族中传了下去。

后来澳大利亚国家博物馆在伦敦的一场拍卖会中买下了它，从此将它收藏在了博物馆之中。

旅游推荐

澳大利亚国家博物馆坐落在格里芬湖的湖畔，格里芬湖景色优美，是享受点心、简餐的绝佳场所。馆内出售精美的原住民画作、手工艺品等礼品，每件都蕴含着独一无二的澳大利亚特色，值得一购。

国会大厦、澳大利亚战争纪念馆都是堪培拉的热门景点。安斯利山瞭望台适合散步放松、遥望堪培拉城市景色。堪培拉动物园是亲子游的绝佳去处，在这里可以近距离接触珍稀的古老物种。

若有闲暇，不妨前往澳大利亚南部，欣赏浪漫的希勒湖。粉色的希勒湖与蓝色的大海相连，就好像是粉色奶油附着在了蓝宝石上，在这里，绝对能够体验到少女般的浪漫。

提到澳大利亚的美食，龙虾、春卷、皇帝蟹、炸鱼薯条、莱明顿蛋糕等等，都是不可错过的当地特色。

No.5

AFRICA

非洲

南非自然历史博物馆

The Iziko South African Museum

南非有着“彩虹之国”的美称，这里生活着各色人种，拥有丰富多彩的民族文化以及斑斓多姿的野生动物。南非自然历史博物馆是了解南非文化必不可少的一站。

坐标　南非开普敦

始创　1825 年

特色　非洲最古老、规模最大的博物馆，是了解非洲考古学藏品的不二之选。

林顿石画

Linton Panel

自 1917 年林顿石画被博物馆收藏以来，它一直占据着镇馆之宝的首席地位。

在 17 世纪西方国家入侵南非之前，这里原本居住的是游牧民族，其中有一支部落名为“桑”。林顿石画出自桑部落，可以说是南非出土的岩石艺术画板中最好的一件。

石画上面有着丰富的人物与动物图案，画中的“萨满”是一个人兽融合的形象，有着人的躯干和动物的四蹄，此时的他精神恍惚，仿佛在空中神游。

石画的内容表达了桑部落祈求无病无灾、族群和睦团结的美好愿望，也反映了他们对于精神世界的想象，对于研究原始土著的生活方式、定居模式、畜牧起源具有重要的参考价值。

莱登堡头

Lydenburg Head

莱登堡头是博物馆的新晋之星。

20世纪中期，一个小男孩在普马兰加省莱登堡的一个沟里发现了莱登堡头的碎片。博物馆将它们复原重建，组成了七个黏土头。这七个黏土头被命名为“莱登堡头”， 这些莱登堡头随着修复工作的完成而陆续展出。

这件莱登堡头的面部契合非洲土著人深色皮肤、黑眼睛、厚嘴唇的特征。但是仔细一看，又会发现它也具有动物的特征！它的嘴巴尤其突出，和生活在当地草原的古老动物——土豚非常相似。

莱登堡头既具有动物特征，又贴合人脸，其构思和电影中的“蜘蛛侠”“蝙蝠侠”面具的设计理念有着异曲同工之妙。

普马兰加省不仅部落文化兴盛，而且草原野生动物也相当丰富，人与野生动物保持着最原始、最默契的关系。这些部落土著人对动物始终保持着崇拜与敬畏，正因为如此，他们身上的许多装饰物都融合了动物的形象。

开普咖啡银壶

Cape silver coffeepot

18 世纪开始，开普银器崭露头角。

欧洲人喜爱银器，他们制作的欧洲银器声名远扬。欧洲殖民者入侵了南非以后，大肆地开采金银矿。开普敦拥有丰富的天然银矿，跟随殖民者到此的英国工匠在这里制作银器，然后运到欧洲转卖，开普银器一时间名声大起。

这件咖啡银壶大约制作于 1790 年，以开普敦本地的银为原材料，壶身满是繁复细腻的浮雕藤蔓花纹，工艺精湛，具有英国 18 世纪中后期艺术风格。

它的创造，见证了南非被外族奴役、异域文化入侵的历史。但是它的存在，也意味着这片土地迈入了新的历史发展进程。

在开普敦春天阳光明媚的日子里，街上蓝花楹绽放，漫步在大道旁，一路有摇曳多姿的繁花相迎，美不胜收。

桌山是开普敦的地标，意为“海角之城”，被誉为“上帝的餐桌”。坎普斯海滩是一个天然的游泳场，可以欣赏到美丽的落日。

市中心坐落着一列五彩斑斓的房屋，像彩虹一样炫目多彩，是体验开普敦风情必来的打卡点。

银白色的亚特兰蒂斯沙丘如同明月一般皎洁，在这里可以体验许多玩乐项目，比如越野摩托车、滑沙等。

走出开普敦，搭乘“蓝色列车”开启一场豪华的南非之旅，全方位欣赏南非的美景。列车设有专门的管家进行服务，里面的每个套房配备有电视、空调、浴缸等设施，是真正的“总统套房”。列车上有专门的观光车厢，可以一边享用美食，一边欣赏南非不同城市的美景。

南非远近闻名的露天烧烤，是游客们不可错过的特色体验。

埃及国家博物馆

The Egyptian Museum

神秘的古埃及是四大文明古国之一，曾在历史上留上光辉的一页。在首都开罗的埃及国家博物馆中陈列着埃及引以为傲的国宝。

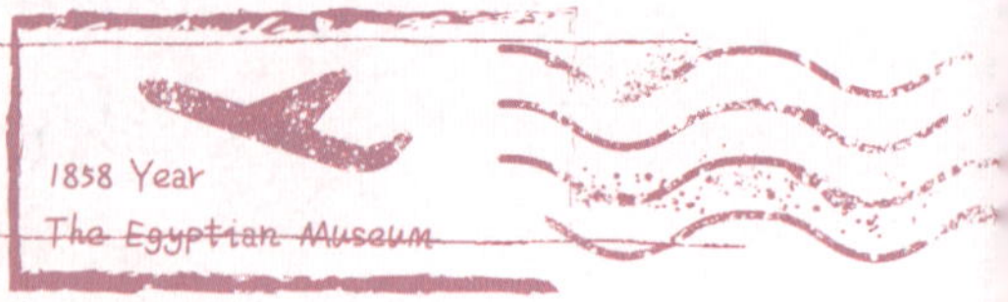

坐标 埃及开罗

始创 初建于 1858 年，1902 年迁至现址

特色 由被称为“埃及博物馆之父”的法国著名考古学家玛利埃特主持设计，因收藏有丰富的法老时期的文物，又被称为“法老博物馆”。

图坦卡蒙的黄金面具

Golden Mask of Tutankhamun

图坦卡蒙的黄金面具是埃及的国宝，它陈列在博物馆最深处。它的主人就是埃及最具神秘感的法老——古埃及第十八王朝最后的君主图坦卡蒙。

1925 年，考古人员在图坦卡蒙的棺材中发现了这件精妙绝伦的黄金面具。面具覆盖在图坦卡蒙的脸上，与他的面庞完美贴合。

面具以金箔为材料制成，嵌有宝石和彩色玻璃。前额部分饰有鹰神和眼镜蛇神，象征着统一上、下埃及；下面垂着胡须，象征古埃及神话中的冥王奥西里斯。面具体现了古埃及人的生死观念，他们认为只要戴上了面具，灵魂

①包括图坦卡蒙的黄金面具在内的大部分藏品将移至新馆，具体请关注官网通知。

就能够识别并且回到自己的尸身，获得永生。

图坦卡蒙的黄金面具代表了古埃及极高的艺术成就，体现了法老作为国家最高统治者的至尊地位。

图坦卡蒙的黄金王座

Ceremonial Throne of Tutankhamun

博物馆中与此黄金面具齐名的便是图坦卡蒙的黄金王座，它出土时整体保存得相当完好。

历经三千多年的沉淀，它的光芒并没有因埋没在尘土中而变得黯淡，依旧光彩夺目。椅子上面贴有黄金，镶嵌有琉璃陶、银片、绿松石、彩色玻璃等，精美程度可谓巧夺天工，足见当时古埃及高超的制作工艺。

在座椅的前腿上端，立有两个神色威武的狮子头，象征着力量与权威。

两边的椅手上装饰有眼镜蛇，头戴象征王权的埃及双冠，一双鹰翅振动欲飞，代表着守护埃及的动物神。

座椅的椅背上是一幅浮雕，主角是法老与王后，法老戴着复合王冠和宽领，王后戴着后冠，身穿银色的亚麻长袍。

拉美西斯二世的木乃伊

Mummy of Ramesses II

博物馆中存放了大量法老的木乃伊。古埃及人希望死后灵魂和肉体可以转世继续存在，木乃伊就是保存灵魂和肉体的容器。

馆中最为著名的便是拉美西斯二世的木乃伊，它是世界上保存得最完好的一具木乃伊。木乃伊最初被埋葬在帝王谷中，伴随着它下葬的还有令人咋舌的财宝，后世的统治者们担心它会被盗，几次将它转移到其他坟墓中存放。1881 年，考古学家们发现了这具木乃伊，它一出土就引起了全世界的关注，人们经过考证，确定它就是拉美西斯二世的木乃伊。

拉美西斯二世被视为古埃及最伟大的法老。后世总结他传奇的一生：“敌人惧怕他，臣民爱戴他，神灵保佑他。”

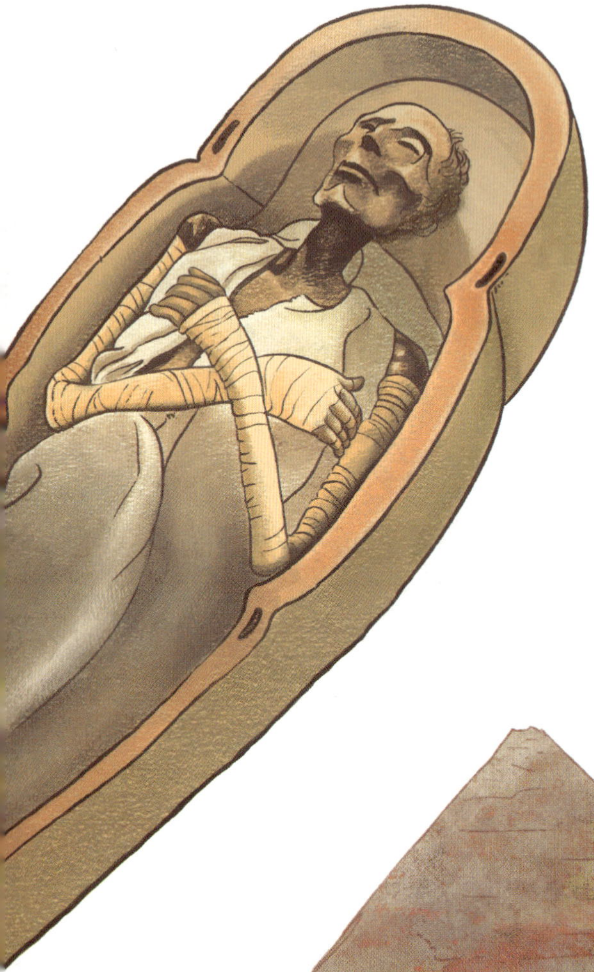

小贴士

图坦卡蒙面具厅以及一些特别展厅不允许拍照。

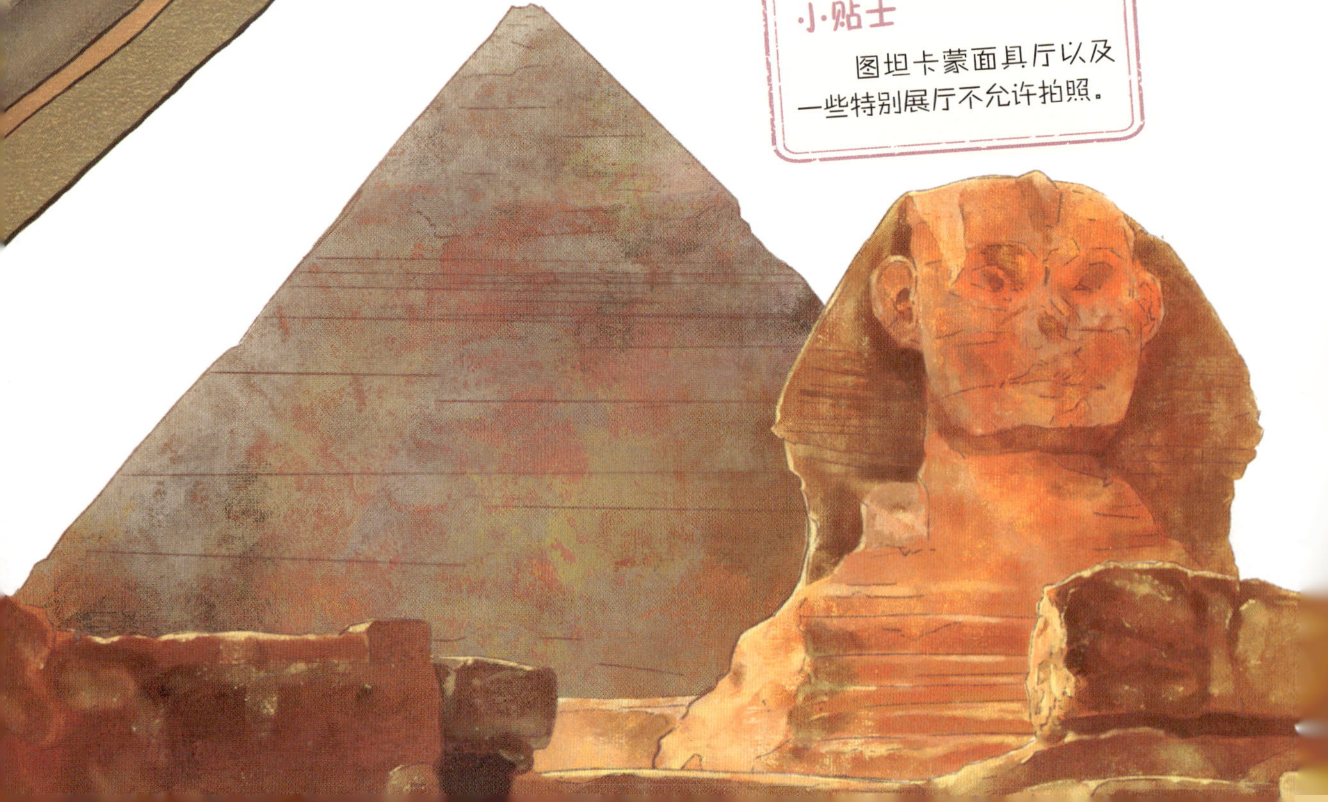

旅游推荐

想要逛街购物，哈利利集市最合适不过，里面的商品琳琅满目，摆满了丝绸、香料、织毯和金银饰品、贝母手工盒等，每一件都充满了属于埃及的风情。

在开罗塔、扎维亚门双塔之上，黄昏与夕阳中的高楼大厦、历史城墙、来往的人群、尼罗河水，一切尽收眼底。

在广袤的沙漠中耸立着三座金山，这就是世界七大奇迹之一的埃及金字塔，气势磅礴，宏伟壮观。

若有时间，可以前往底比斯，那里坐落着古埃及规模最大、历史最悠久的神庙建筑——卡尔纳克神庙。

在埃及，肉类拼盘、羊肉馅饼、北非蛋等都是不容错过的特色菜肴。

内罗毕国家博物馆

Nairobi National Museum

一想到肯尼亚，眼前便浮现出打着哈欠的狮子、踱步的犀牛、迁徙的大象——万千生灵在这片土地上，生动演绎着地球最原始的生命脉动。

坐标 肯尼亚内罗毕

始创 1910 年

特色 内罗毕国家博物馆以其丰富的馆藏，尤其是珍贵的自然遗产，展示了肯尼亚的自然、历史与文化精华。

图尔卡纳男孩

The Turkana boy

1984 年的一天，人类学家卡莫亚·基穆在肯尼亚的图尔卡纳湖西侧发现了一小块人类头骨碎片，他沿着湖岸继续搜寻，不久后竟收集、拼凑成一具近乎完整的人类骨架。

经过一系列鉴定，最终人们确认这具骨架来自约 160 万年前，因此它成为了迄今为止发现的极为古老且完整的早期人类化石之一。

这个小男孩在去世时只有 9 到 12 岁，但他已经有 1.6 米高了，这在当时的人类中是非常罕见的。如果再进一步去分析图尔卡纳男孩的骨骼结构，则能让我们对早期人类的生活方式有所认识。他们有多高？大脑和我们的有什么区别？他们如何走路和跑步？这些问题的答案都藏在了图尔卡纳男孩的化石之中。

在热带草原气候影响下的肯尼亚，我们能看到多种多样的绿植，比如猴面包树（非洲人民的“生命之树”）、金合欢树、沙漠玫瑰等等。但有这么一棵树，只能在内罗毕国家博物馆才能见到，它就是“葫芦树”。

这棵树并不是真的植物，它是一棵由从肯尼亚各个地区收集而来、形状用途各异的上百个葫芦所构成的“大树”。

在肯尼亚，葫芦的用途非常广泛，大部分的传统村落中都能瞧见葫芦的身影。肯尼亚人将成熟的葫芦采摘下来、晒干、清洁，然后根据葫芦的形状制作成各种各样的器具。比如，在日常生活中，一般将体积较大的葫芦当作储存液体的容器，将体积较小的葫芦当作盛水的瓢（piáo）或是勺子；在旅途中，通常用有两个“肚子”的亚腰葫芦来装啤酒或水；在艺术生活中，将葫芦美化、加工后制作成艺术品，用以装饰。

葫芦树

a Cocktail of gourds

葫芦不仅实用性很强，在肯尼亚还被视作团结的象征，而葫芦树则是多元与统一的载体。构成葫芦树的这些葫芦虽然来自不同地区、不同民族、不同文化背景，但是它们有着团结的内核，能够给这片广袤的土地注入无穷的力量。

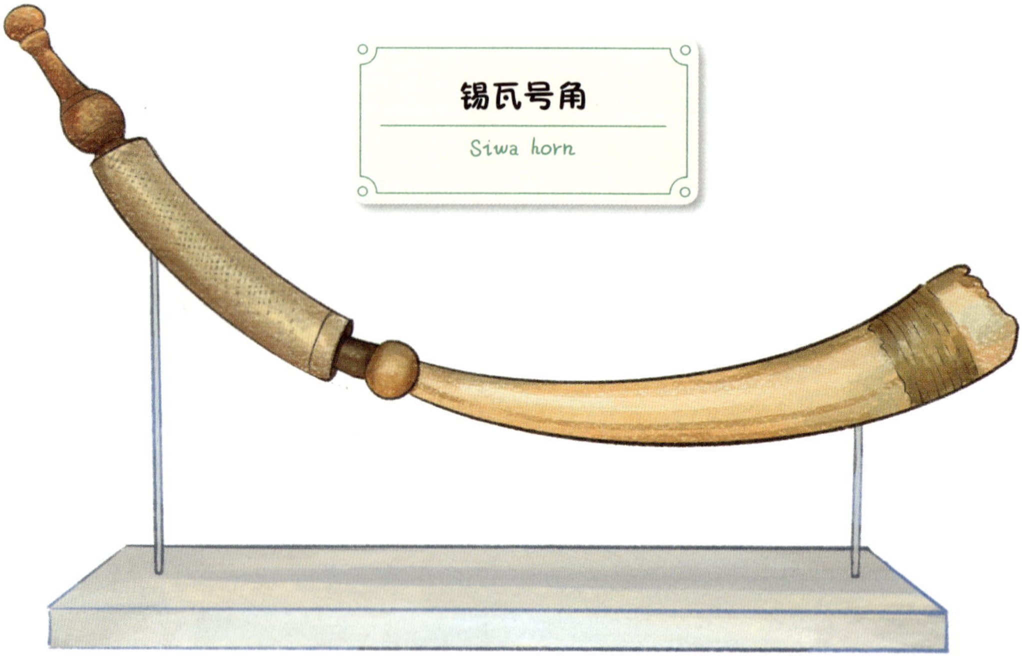

在 17 世纪的东非，锡瓦号角可不是一件简单的乐器，它是王权的象征，只有皇家才能使用。

博物馆中的这件锡瓦号角，与 17 世纪帕泰岛的公主姆瓦纳·达里尼有关。

公主的父亲去世后，她的叔叔篡夺王位成为了苏丹，公主的亲人们被苏丹迫害，就连丈夫也失踪了。公主一人带着年幼的孩子与苏丹斗智斗勇，艰难生存。

公主曾向苏丹求借皇家的锡瓦号角，用以孩子的成人仪式，但是被苏丹拒绝。公主无奈之下聘请民间工匠打造了一把新的号角。凑巧的是，后来皇家锡瓦号角在外借给外邦的皇室使用时，掉入了大海之中再也无法找回；苏丹也因此受到诅咒，在其在位期间，帕泰岛没有下过一滴雨。

不久后，公主的孩子在新锡瓦号角的庇佑下成为了新的统治者，这把新的号角也因此流传至今。

旅游推荐

内罗毕国家公园是十分值得打卡的地方，在这里你可以看到富有生命力的各类动物，如狮子、羚羊、长颈鹿、河马、犀牛等。

奈瓦沙湖风景优美，湖岸种满了纸莎草和黄皮金合欢，浅水中有尽情玩耍的野生动物。宁静和谐的环境足以让我们忘掉城市生活的喧闹。

百年前，丹麦作家凯伦·布里克森在恩贡山山脚的小屋中生活了十余年，后来她在《走出非洲》中写下了自己在肯尼亚的动人经历，让许多人第一次见到了这片广袤之地的模样。电影《走出非洲》曾在此取景拍摄——凯伦·布里克森的故居，现作为博物馆对外开放。

内罗毕是一个饮食很自由的城市，意大利餐、法餐、泰餐、日本料理、中国菜等应有尽有。